Toda hora é hora de bolo...

# Fabulosos

## COM VISUAL DESLUMBRANTE, ESTE LIVRO É UMA FESTA PARA OS OLHOS E PARA O PALADAR.

Aqui você encontra inúmeras receitas deliciosas para avivar seus caprichos culinários e fazer bonito diante da família e dos amigos. Divididas em sete capítulos, as preparações vão do clássico ao contemporâneo, sempre com um toque de criatividade: Chocolate e café, Laranjas e limões, Caramelo e nozes, Frutinhas e creme, Gengibre e especiarias, Flores e caldas, e Maçãs e peras.

Há receitas para todos os gostos, desde as mais fáceis às mais complexas, das rápidas às que requerem preparo antecipado e um pouquinho de planejamento. Cada capítulo traz dicas preciosas para conhecer a fundo os ingredientes e os utensílios de cozinha e a descrição com fotos do passo a passo das técnicas necessárias para garantir o sucesso das receitas, tanto para confeiteiros de mão cheia quanto para cozinheiros de primeira viagem.

Ilustrado do começo ao fim, o livro possui fotos deslumbrantes dos bolos, de suas fatias e de seus ingredientes principais, fazendo com que não só o paladar se regozije com as receitas, mas também os olhos. *Fabulosos* é uma homenagem primorosa à arte de fazer bolos.

# Fabulosos

BOLOS ESPETACULARES PARA TODAS AS OCASIÕES

# Sumário

BOLOS ESPETACULARES PARA TODAS AS OCASIÕES

CAPÍTULOS



DOCES CRIAÇÕES IMPRESSIONANTES E INOVADORAS

FABULOSOS

# Chocolate & CAFÉ

VALRHONA

A COMBINAÇÃO
MÁGICA DE
Chocolate
e café
é profunda,
Sedutora
E INTENSA
DARK PRASLINES

# Bolo de chocolate
## SEM FARINHA COM AMEIXAS E AVELÃS

TEMPO DE PREPARO + COZIMENTO **1 HORA 15 MINUTOS (+DESCANSO)** RENDE **10 PORÇÕES**

**1 xícara (170 g) de ameixas secas sem caroço finamente picadas**
**$^1/_2$ xícara (125 ml) de licor de avelã**
**200 g de chocolate amargo grosseiramente picado**
**125 g de manteiga em temperatura ambiente**
**5 ovos, claras e gemas separadas**
**$^2/_3$ de xícara (150 g) de açúcar mascavo (ver DICA)**
**$1^1/_4$ xícara (180 g) de farinha de avelã**
**2 colheres (chá) de cacau em pó**

CREME DE AVELÃS
**$1^1/_4$ xícara (300 ml) de creme de leite fresco**
**2 colheres (sopa) de açúcar de confeiteiro**
**2 colheres (sopa) de licor de avelã**

**1** Coloque as ameixas e o licor em uma panela pequena e leve ao fogo alto até ferver. Abaixe o fogo e cozinhe, sem tampar, por 2 minutos ou até que o licor tenha se reduzido pela metade. Retire do fogo e deixe esfriar.
**2** Preaqueça o forno a 180 °C. Unte uma assadeira redonda de 22 cm de diâmetro e bordas altas. Forre o fundo e as laterais com papel-manteiga.
**3** Coloque o chocolate e a manteiga em uma panela pequena e leve ao fogo baixo, mexendo sempre até derreter e ficar homogêneo. Retire do fogo e deixe esfriar em temperatura ambiente.
**4** Bata as gemas e o açúcar em uma tigela pequena usando uma batedeira portátil até engrossar e ficar cremoso. Transfira para uma tigela grande. Acrescente a mistura de ameixas, o chocolate derretido e a farinha de avelã.
**5** Em uma tigela metálica seca, bata as claras em neve até formar picos macios. Adicione a mistura de chocolate em duas levas, incorporando delicadamente a cada adição com movimentos circulares, de baixo para cima. Transfira para a fôrma preparada.
**6** Asse por 50 minutos, ou até que um palito inserido no centro da massa saia com migalhas úmidas. Deixe o bolo descansar na assadeira por 15 minutos. Desenforme-o sobre uma grelha para esfriar completamente, com o topo para cima.
**7** Prepare o creme de avelãs.
**8** Polvilhe o bolo com o cacau em pó e sirva acompanhado do creme de avelãs.

CREME DE AVELÃS Bata o creme de leite e o açúcar em uma tigela pequena usando uma batedeira portátil, até obter picos firmes. Misture o licor.

TÉCNICAS Passo 2: ver *"como forrar uma fôrma redonda"*, página 276.
DICA Aperte bem o açúcar mascavo na xícara medidora para obter a quantidade certa pedida na receita.
FAÇA ANTES O bolo pode ser preparado na véspera. Guarde-o em um recipiente hermético em temperatura ambiente. O creme de avelãs fica melhor se preparado no dia.

# BOLO SEM FARINHA *de chocolate e beterraba*

TEMPO DE PREPARO + COZIMENTO **2 HORAS (+REFRIGERAÇÃO E RESFRIAMENTO)** RENDE **12 PORÇÕES**

**300 g de beterraba sem casca cortada em cubos de 3 cm**
**350 g de chocolate amargo (70% cacau) picado**
**185 g de manteiga picada**
**6 ovos**
**1 colher (chá) de extrato de baunilha**
**1 xícara (220 g) de açúcar mascavo (ver DICAS)**
**1 xícara (100 g) de farinha de avelã**
**1 colher (chá) de cacau em pó**

BETERRADA CRISTALIZADA
**1½ xícara (330 g) de açúcar**
**1 xícara (250 ml) de água**
**2 beterrabas pequenas (200 g) sem casca fatiadas em rodelas finas**
**1 colher (sopa) de suco de limão-siciliano**

CRÈME FRAÎCHE ADOCICADO
**1½ xícara (360 g) de crème fraîche (ver GLOSSÁRIO)**
**2 colheres (sopa) de açúcar de confeiteiro peneirado**
**1 colher (chá) de extrato de baunilha**

**1** Cozinhe a beterraba em uma panela média com água fervente por 45 minutos, ou até ficar macia. Escorra, reservando 2 colheres (sopa) do líquido de cozimento. Bata a beterraba e o líquido no processador até obter um purê macio. Você vai precisar de 1 xícara de purê de beterraba.
**2** Preaqueça o forno a 160 °C. Unte uma assadeira redonda de 22 cm de diâmetro. Forre o fundo e as laterais com papel-manteiga.
**3** Coloque o chocolate e a manteiga em uma panela pequena e leve ao fogo baixo, mexendo sempre até derreter e ficar homogêneo.
**4** Em uma tigela grande, bata os ovos, a baunilha, o açúcar e a farinha de avelã até misturar bem. Adicione o chocolate derretido e o purê de beterraba e misture. Despeje a massa na assadeira e cubra com papel-alumínio.
**5** Asse por 1h10 ou até que fique assado nas bordas, mas ainda levemente mole no centro. Levante a borda do papel-alumínio para liberar o vapor. Deixe na geladeira no mínimo por 3 horas ou de um dia para o outro.
**6** Prepare a beterraba cristalizada e o crème fraîche adocicado.
**7** Disponha o bolo em um prato de servir. Polvilhe cacau nas bordas. Espalhe o crème fraîche adocicado por cima. Decore com a beterraba glaçada e regue com calda reservada.

**BETERRABA CRISTALIZADA** Coloque o açúcar e a água em uma panela pequena e leve ao fogo médio, mexendo sempre até o açúcar se dissolver. Espere ferver e acrescente a beterraba. Cozinhe por 20 minutos ou até as rodelas de beterraba ficarem levemente translúcidas e a calda encorpar. Use dois garfos para retirar a beterraba da calda e colocar em uma assadeira forrada com papel-manteiga para esfriar. Separe 1 xícara da calda e adicione o suco de limão.

**CRÈME FRAÎCHE ADOCICADO** Em uma tigela pequena, bata todos os ingredientes usando uma batedeira portátil até obter picos macios.

**DICAS** Aperte bem o açúcar mascavo na xícara medidora para obter a quantidade certa pedida na receita. Use uma mandolina para fatiar a beterraba em rodelas bem fininhas para confeitar. É encontrada em lojas especializadas em utensílios de cozinha ou em lojas de produtos orientais.
**FAÇA ANTES** O bolo e a beterraba glaçada podem ser preparados na véspera. Guarde-os na geladeira separados em recipientes herméticos.

# Torre de suspiros mocha

TEMPO DE PREPARO + COZIMENTO **1 HORA 45 MINUTOS (+RESFRIAMENTO)** RENDE **12 PORÇÕES**

**1 colher (sopa) de café solúvel granulado**
**1 colher (chá) de água fervente**
**8 claras**
**1 colher (chá) de cremor de tártaro**
**2 xícaras (440 g) de açúcar**
**1 colher (sopa) de amido de milho**
**2 colheres (chá) de vinagre claro**
**2 colheres (chá) de açúcar de confeiteiro**

CALDA DE CHOCOLATE
**180 g de chocolate meio amargo picado**
**30 g de manteiga sem sal picada**
**1 xícara (250 ml) de creme de leite fresco**
**$^1/_4$ de xícara (40 g) de açúcar de confeiteiro**

CREME DE CAFÉ
**1 colher (sopa) de café solúvel granulado**
**2 colheres (chá) de água fervente**
**2$^1/_2$ xícaras (600 ml) de creme de leite fresco**
**$^1/_4$ de xícara (40 g) de açúcar de confeiteiro**
**2 colheres (sopa) de licor de café**

**1** Preaqueça o forno a 120 °C. Forre três assadeiras grandes com papel-manteiga.
**2** Em uma tigela pequena, dissolva o café na água fervente e reserve. Coloque as claras e o cremor de tártaro em uma tigela metálica grande e bata em neve usando uma batedeira portátil, até formar picos macios. Adicione o açúcar aos poucos, batendo bem a cada adição para dissolver todo o açúcar antes de acrescentar mais. Junte o amido de milho, o vinagre e a mistura de café, mexendo delicadamente, apenas o suficiente para incorporar. Não bata demais, pois o suspiro pode murchar.
**3** Com uma colher, arrume porções do suspiro (cerca de $^1/_4$ de xícara) nas assadeiras preparadas, cuidando para deixar uns 5 cm entre eles; a mistura deve render 24 unidades. Asse os suspiros por 1 hora ou até que estejam secos ao toque. Deixe esfriar no forno com a porta aberta.
**4** Prepare a calda de chocolate, e depois o creme de café.
**5** Espalhe um pouco da calda de chocolate sobre um prato de servir e disponha 9 suspiros sobre ela. Um a um, espalhe duas colheradas do creme de café na base de cada suspiro restante e arrume sobre a base, formando uma pirâmide. Regue tudo com metade da calda de chocolate e polvilhe com açúcar de confeiteiro. Sirva imediatamente, acompanhado do creme de café e da calda de chocolate restantes.

**CALDA DE CHOCOLATE** Coloque o chocolate, a manteiga e o creme de leite em uma panela média e leve ao fogo baixo até derreter. Retire do fogo. Peneire o açúcar de confeiteiro e acrescente à mistura aos poucos. Deixe esfriar em temperatura ambiente por uns 20 minutos, até engrossar.

**CREME DE CAFÉ** Em uma tigela pequena, dissolva o café na água fervente e leve à geladeira por 5 minutos. Coloque metade do creme de leite, o açúcar de confeiteiro, o licor e a mistura de café em uma tigela grande e bata com uma batedeira portátil até obter picos macios. Acrescente o restante do creme de leite e bata mais, até formar novamente os picos de creme.

**DICA** Os suspiros podem levar até 1h30 para assar, dependendo do tamanho do forno. Se não houver espaço suficiente, asse os suspiros em duas fornadas.
**FAÇA ANTES** Os suspiros podem ser assados com até dois dias de antecedência. Guarde-os em um recipiente hermético em temperatura ambiente. A calda pode ser preparada horas antes; na hora de servir, basta reaquecer até ficar morna. Monte a torre minutos antes de servir.

# Torre de suspiros mocha

[RECEITA NA PÁGINA 14]

PARA PREPARAR O SUSPIRO

Adicione o amido de milho, o vinagre e a mistura de café ao suspiro batendo em velocidade baixa ou misturando com uma colher grande de metal. Certifique-se de misturar com delicadeza para evitar que o suspiro murche.

PARA MOLDAR O SUSPIRO

Com uma colher grande de metal, separe porções do suspiro equivalentes a $^1/_4$ de xícara. Usando outra colher do mesmo tamanho, posicionada com a parte côncava para baixo, transfira o suspiro de uma colher para a outra, moldando-o em uma forma ovalada. Com cuidado, transfira-o para as assadeiras preparadas.

PARA PREPARAR A CALDA DE CHOCOLATE

Uma boa dica é partir o chocolate e a manteiga em pequenos pedaços do mesmo tamanho e usar uma panela de fundo grosso. Cozinhe os ingredientes em fogo baixo até derreterem e aquecerem um pouco, mexendo sempre para obter uma mistura homogênea.

PARA PREPARAR O CREME DE CAFÉ
Preste atenção para não bater demais a mistura quando acrescentar o creme de leite; leva apenas alguns segundos para a mistura encorpar e ficar com a consistência recomendada.

PARA MONTAR A TORRE
Use o dorso de uma colher, uma faca de metal sem ponta ou uma espátula de metal para espalhar um pouco do creme de café na base de cada suspiro, atentando para não romper a casquinha, que é muito frágil. Se algum quebrar, coloque-o na base da torre, pois ficará coberto pelos demais suspiros, ou certifique-se de cobrir todas as rachaduras com a calda de chocolate.

PARA SERVIR
Comece pelo topo, retirando cada suspiro com cuidado e a ajuda de um garfo e uma colher. Controle a força na hora de puxar para que o suspiro não se quebre. Regue com mais calda de chocolate.

# Bolo de tâmaras e expresso COM COBERTURA DE CHOCOLATE

TEMPO DE PREPARO + COZIMENTO **1 HORA 15 MINUTOS** RENDE **10 PORÇÕES**

1 1/4 xícara (200 g) de tâmara seca picada
1 1/2 colher (sopa) de café solúvel forte granulado
1 1/4 xícara (310 ml) de água
1 colher (chá) de bicarbonato de sódio
60 g de manteiga
3/4 de xícara (165 g) de açúcar
2 ovos
1 xícara (150 g) de farinha com fermento

COBERTURA DE CHOCOLATE
150 g de chocolate meio amargo grosseiramente picado
1/3 de xícara (80 ml) de creme de leite fresco
1 colher (sopa) de glucose de milho

**1** Preaqueça o forno a 180 °C. Unte uma assadeira redonda de bordas altas com 20 cm de diâmetro. Forre o fundo e as laterais com papel-manteiga.
**2** Coloque a tâmara, o café e a água em uma panela pequena e leve ao fogo até ferver. Retire do fogo e misture o bicarbonato. Deixe descansar por 5 minutos. Transfira para o liquidificador ou o processador e bata até obter uma pasta macia. Reserve.
**3** Em uma tigela pequena, coloque a manteiga e o açúcar e bata com uma batedeira portátil até obter um creme claro. Acrescente os ovos um a um, batendo a cada adição, até incorporar. Junte a farinha peneirada, e depois a mistura de tâmara. Transfira para a assadeira.
**4** Asse o bolo por 50 minutos ou até que um palito inserido no centro da massa saia com migalhas úmidas. Deixe o bolo descansar na assadeira por 15 minutos, e então desenforme com o topo para cima sobre uma grelha para esfriar.
**5** Prepare a cobertura de chocolate.
**6** Transfira o bolo para um prato de servir. Regue com a cobertura, deixando escorrer um pouquinho dos lados.

**COBERTURA DE CHOCOLATE** Coloque os ingredientes em uma caçarola pequena e cozinhe em fogo baixo até a mistura ficar lisa e macia. Transfira para uma jarra refratária.

**TÉCNICAS** Passo 1: ver *"como forrar uma fôrma redonda"*, página 276.
**FAÇA ANTES** O bolo fica mais gostoso quando assado no dia.

# Torta gelada de CHOCOLATE E PIMENTA

TEMPO DE PREPARO + COZIMENTO **1 HORA 35 MINUTOS (+REFRIGERAÇÃO E CONGELAMENTO)** RENDE **12 PORÇÕES**

*Comece esta receita no dia anterior.*

**4 claras**
**1 xícara (220 g) de açúcar**
**400 g de chocolate amargo (70% cacau) ralado**
**$^3/_4$ de colher (chá) de cardamomo em pó**
**1$^1/_4$ xícara (300 ml) de creme de leite fresco**

SORVETE DE CHOCOLATE COM PIMENTA
**2 xícaras (500 ml) de leite**
**7 gemas**
**1 xícara (220 g) de açúcar**
**300 g de chocolate amargo (70% cacau) grosseiramente picado**
**1 colher (chá) de pimenta vermelha em pó**
**2 xícaras (500 ml) de creme de leite fresco**

1 Prepare o sorvete de chocolate com pimenta.
2 Preaqueça o forno a 160 °C. Prenda o fundo de uma fôrma de fundo removível de 23 cm de diâmetro. Unte a base e as laterais e forre-as com papel-manteiga.
3 Coloque as claras e o açúcar em uma tigela metálica pequena e bata com uma batedeira portátil por 8 minutos ou até engrossar e ficar brilhante. Misture metade do chocolate e o cardamomo delicadamente, de baixo para cima. Espalhe a mistura na base da fôrma, alisando bem.
4 Asse esse merengue por 35 minutos ou até firmar e dourar. Deixe esfriar na própria fôrma. Usando o fundo de um copo, empurre a parte de cima do merengue delicadamente para deixar a superfície lisa e nivelada.
5 Espalhe o sorvete de chocolate com pimenta sobre a base de merengue. Leve ao congelador por, no mínimo, 8 horas ou de um dia para o outro.
6 Antes de servir, desenforme a torta e deixe em temperatura ambiente por 10 minutos. Enquanto isso, coloque o creme de leite e o restante do chocolate em uma caçarola pequena e cozinhe em fogo baixo até o chocolate derreter e a calda ficar lisa. Sirva a torta regada com a calda morna.

SORVETE DE CHOCOLATE COM PIMENTA Coloque o leite em uma caçarola pequena e aqueça até quase ferver. Enquanto isso, bata as gemas e o açúcar em uma tigela refratária média até obter um creme claro e fofo. Acrescente o leite quente aos poucos, mexendo vigorosamente para incorporar. Coloque a tigela sobre uma panela com água fervente; cozinhe em banho-maria, mexendo sempre, por 4 minutos ou até engrossar o suficiente para cobrir as costas de uma colher. Passe a mistura por uma peneira fina. Incorpore o chocolate e a pimenta até obter uma mistura lisa. Leve à geladeira por 30 minutos. Numa tigela pequena, bata o creme de leite com uma batedeira portátil até formar picos moles. Coloque uma colherada na mistura de chocolate já fria; misture bem e então junte o restante do creme batido. Transfira a mistura aos poucos para uma sorveteira e siga as instruções do fabricante.

DICA Utilize a base de uma fôrma de aro removível para ajudar a deslizar o bolo para o prato de servir.
FAÇA ANTES Esta torta pode ser feita com até uma semana de antecedência. A calda de chocolate pode ser feita até três dias antes; aqueça levemente antes de servir.

Bolo de chocolate e expresso em cinco camadas
[RECEITA NAS PÁGINAS 24 E 25]

# Bolo de chocolate e expresso EM CINCO CAMADAS

TEMPO DE PREPARO + COZIMENTO **2 HORAS (+ RESFRIAMENTO E REFRIGERAÇÃO)** RENDE **12 PORÇÕES**

*Comece esta receita no dia anterior. O bolo pode ser feito com até dois dias de antecedência ou, se você preferir, faça em etapas ao longo de dois dias.*

BOLO FUDGE DE CHOCOLATE AMARGO

**50 g de manteiga picada**
**100 g de chocolate amargo (70% cacau) picado**
**1/2 xícara (110 g) de açúcar mascavo (ver DICA)**
**1 ovo**
**1/2 xícara (75 g) de farinha de trigo**
**1/4 de xícara (60 g) de creme azedo (sour cream, ver GLOSSÁRIO)**

CHEESECAKE DE CHOCOLATE BRANCO

**1/4 de xícara (60 ml) de creme de leite fresco**
**125 g de chocolate branco picado**
**250 g de cream cheese em temperatura ambiente**
**1/3 de xícara (75 g) de açúcar**
**1 ovo**

GELATINA DE EXPRESSO

**3 colheres (chá) de gelatina sem sabor em pó incolor**
**1 1/2 xícara (375 ml) de água**
**2 colheres (sopa) de açúcar**
**1 colher (sopa) de café solúvel forte granulado**

MUSSE DE CHOCOLATE AO LEITE

**150 g de chocolate ao leite**
**3/4 de xícara (180 ml) de creme de leite fresco**

COBERTURA DE CHOCOLATE AMARGO

**200 g de chocolate amargo (70% cacau) picado**
**1 colher (sopa) de óleo vegetal**

ONDAS DE CHOCOLATE

**100 g de chocolate amargo (70% cacau) finamente picado**
**1 colher (chá) de cacau em pó**

**1** Preaqueça o forno a 160 °C. Separe a base de uma fôrma de fundo removível e bordas altas com 22 cm de diâmetro e forre com papel-manteiga de modo que ultrapasse as bordas. Feche o aro ao redor do fundo; o papel vai sobrar dos lados e isso vai facilitar na hora de desenformar o bolo mais tarde. Unte a fôrma e forre as laterais com papel-manteiga, de forma que ultrapasse 5 cm para cima.

**2** Para preparar o bolo fudge de chocolate amargo, coloque a manteiga e o chocolate em uma caçarola pequena e leve ao fogo baixo, mexendo até ficar liso. Retire do fogo; misture o açúcar, e depois o ovo, a farinha e o creme azedo. Despeje a massa na assadeira, espalhando bem. Deixe descansar.

**TÉCNICAS** Passo 7: ver ***"como derreter chocolate"***, página 277. Passo 8: ver ***"como decorar um bolo sem fazer bagunça"***, página 277.
**FAÇA ANTES** Este bolo pode ser feito com até dois dias de antecedência; reserve, coberto, na geladeira.

**3** Para fazer o cheesecake de chocolate branco, coloque o creme de leite e o chocolate em uma caçarola pequena e leve ao fogo baixo, misturando até ficar liso; deixe esfriar. Em uma tigela pequena, misture o cream cheese e o açúcar e bata com uma batedeira portátil até obter um creme macio. Junte a mistura de chocolate já fria, e depois o ovo, tomando cuidado para não bater demais. Despeje a mistura de cheesecake sobre o bolo fudge que está na assadeira. Asse por 30 minutos ou até que o centro do cheesecake esteja firme e levemente abaulado. Deixe esfriar dentro do forno, com a porta entreaberta. Depois, leve à geladeira.
**4** Para preparar a gelatina de expresso, polvilhe a gelatina em pó sobre $^1/_4$ de xícara da água em uma tigela refratária pequena. Encaixe a tigela sobre uma caçarola pequena com água fervente para fazer o banho-maria. Misture até a gelatina dissolver por completo. Deixe esfriar. Coloque o restante da água em uma caçarola pequena e junte o açúcar e o café granulado. Cozinhe em fogo baixo até o açúcar e o café se dissolverem. Adicione a mistura de gelatina. Transfira para uma tigela média e leve à geladeira por 30 minutos, ou até obter um creme levemente espesso. Despeje a mistura de gelatina sobre o cheesecake na assadeira. Alise a superfície com cuidado. Leve à geladeira por 30 minutos ou até firmar.
**5** Para fazer a musse de chocolate ao leite, coloque o chocolate em uma tigela refratária pequena e leve ao banho-maria. Tome cuidado para que o fundo da tigela não encoste na água fervente. Aqueça até obter uma mistura lisa e deixe esfriar. Em outra tigela pequena, bata o creme de leite com uma batedeira portátil até obter picos moles. Coloque uma colherada na mistura de chocolate já frio e incorpore bem, depois junte o restante, mexendo delicadamente. Espalhe a musse sobre a gelatina na assadeira. Leve à geladeira por 3 horas ou de um dia para o outro até firmar.
**6** Para preparar a cobertura de chocolate, misture o chocolate e o óleo em uma tigela refratária pequena e leve ao banho-maria; cuidado para que o fundo da tigela não encoste na água fervente. Aqueça até obter uma mistura lisa e brilhante. Deixe amornar.
**7** Enquanto isso, para fazer as ondas de chocolate, derreta metade do chocolate (ver TÉCNICAS). Retire a tigela do banho-maria e misture o restante do chocolate até derreter. Espalhe o chocolate derretido sobre uma folha de papel-manteiga. Coloque um rolo de massa sob o papel e deixe em temperatura ambiente. Depois que firmar, quebre em pedaços menores.
**8** Desenforme o bolo; transfira para um prato de servir (ver TÉCNICAS). Trabalhe rapidamente, espalhando a cobertura sobre o bolo e nas laterais. Leve à geladeira por 10 minutos ou até firmar a cobertura. Decore o bolo com as ondas de chocolate e polvilhe com o cacau em pó.

**DICA** Aperte bem o açúcar mascavo na xícara medidora para obter a quantidade certa pedida na receita.

**[FOTOS NAS PÁGINAS 22 E 23]**

Bolo-musse de chocolate e laranja
[RECEITA NAS PÁGINAS 28 E 29]

# BOLO-MUSSE DE chocolate e laranja

TEMPO DE PREPARO + COZIMENTO **50 MINUTOS (+DESCANSO E REFRIGERAÇÃO)** RENDE **12 PORÇÕES**

*Comece esta receita no dia anterior.*

200 g de chocolate amargo (70% cacau) picado
20 g de manteiga
6 ovos, claras e gemas separadas
1/2 xícara (110 g) de açúcar
2 colheres (sopa) de licor de laranja
1/2 xícara (50 g) de nibs de cacau (opcional, ver DICAS)

MUSSE DE CHOCOLATE COM LARANJA
1 xícara (250 ml) de leite
3 colheres (chá) de raspas finas de casca de laranja
2 1/2 colheres (chá) de gelatina sem sabor em pó incolor
5 gemas
1/2 xícara (110 ml) de açúcar
1/4 de xícara (60 ml) de suco de laranja
200 g de chocolate ao leite (33% cacau)
1 1/4 de xícara (300 ml) de creme de leite fresco

CALDA DE CHOCOLATE AO LEITE
180 g de chocolate ao leite (33% cacau) finamente picado
1 xícara (250 ml) de creme de leite fresco

1 Preaqueça o forno a 180 °C. Unte uma fôrma de fundo removível com 20 cm de diâmetro e bordas altas e forre a lateral e a base com papel-manteiga.

2 Coloque o chocolate e a manteiga em uma caçarola pequena de fundo grosso e leve ao fogo baixo até misturar bem. Deixe esfriar por 10 minutos. Em uma tigela pequena, bata as gemas e o açúcar com uma batedeira portátil por 5 minutos ou até obter um creme espesso e pálido. Junte a mistura de chocolate e mexa até incorporar. Transfira tudo para uma tigela grande. Bata as claras em neve em uma tigela metálica até obter picos moles. Acrescente as claras à mistura de chocolate aos poucos, mexendo delicadamente de baixo para cima a cada adição. Despeje na fôrma preparada.

3 Asse o bolo por 20 minutos ou até ficar firme. Deixe esfriar na assadeira.

4 Enquanto isso, prepare a musse de chocolate com laranja.

5 Desenforme o bolo. Lave e seque a fôrma utilizada, depois unte-a novamente e forre as laterais e a base com papel-manteiga. Com cuidado, retire o papel da base do bolo e coloque-o novamente dentro da fôrma, com o topo para cima. Pressione o bolo levemente para se certificar de que está cobrindo toda a base da fôrma. Pincele o licor sobre o bolo e espalhe a musse por cima. Leve à geladeira por, no mínimo, 6 horas ou de um dia para o outro para firmar.

6 Prepare a calda de chocolate ao leite.

7 Polvilhe os nibs de cacau por cima do bolo e regue-o com um pouco da calda morna. Sirva imediatamente acompanhado de mais calda.

**MUSSE DE CHOCOLATE COM LARANJA** Coloque o leite e as raspas de casca de laranja em uma caçarola pequena de fundo grosso e leve ao fogo alto até quase ferver. Polvilhe a gelatina em pó sobre o leite e mexa até dissolver. Bata as gemas e o açúcar em uma tigela pequena por 3 minutos ou até obter um creme espesso e pálido. Acrescente o suco e misture mais um pouco. Adicione a mistura de leite quente em lotes. Coloque tudo de volta na mesma panela e leve ao fogo baixo para aquecer, mexendo sempre, até o creme engrossar o suficiente para cobrir as costas de uma colher; não deixe ferver para a mistura não talhar. Acrescente o chocolate e deixe por 1 minuto, sem mexer, e só então misture para dissolver o chocolate. Coe em uma peneira fina dentro de uma tigela limpa. Deixe esfriar por 1 hora, mexendo de vez em quando. Bata o creme de leite em uma tigela pequena até obter picos moles. Adicione o creme batido à mistura de chocolate e utilize imediatamente.

**CALDA DE CHOCOLATE AO LEITE** Coloque o chocolate e o creme de leite em uma caçarola pequena de fundo grosso e leve ao fogo baixo, misturando até obter uma calda lisa.

**DICAS** Os nibs de cacau são obtidos nas primeiras etapas da produção do chocolate. As sementes do cacau são secas, tostadas e depois esmigalhadas até se formarem os chamados "nibs". Em seguida, eles são moídos para separar a manteiga da parte sólida do cacau. Os nibs têm textura muito peculiar e gosto de chocolate, embora sem açúcar nenhum. São encontrados em lojas especializadas em produtos naturais. Para picá-los, limpe a faca com papel-toalha depois de cada corte.

**TÉCNICAS** Passo 4: ver ***"como dissolver gelatina em pó"***, página 277.

**FAÇA ANTES** O bolo pode ser assado com um dia de antecedência e guardado na geladeira dentro de um recipiente hermético.

[FOTOS NAS PÁGINAS 26 E 27]

## CACAU

CACAU EM PÓ NÃO DEVE SER SUBSTITUÍDO PELO CHOCOLATE EM PÓ COMUM EM RECEITAS QUE UTILIZAM BICARBONATO DE SÓDIO COMO O PRINCIPAL AGENTE DE FERMENTAÇÃO. O MOTIVO É QUE A ACIDEZ DO CACAU PRECISA REAGIR COM O BICARBONATO PARA FAZER A MASSA CRESCER.

## MASSA DE CHOCOLATE

EM RESUMO, A PORCENTAGEM DE SÓLIDOS DE CACAU DESCRITA NA EMBALAGEM INDICA DUAS COISAS: A DOÇURA DO CHOCOLATE E A INTENSIDADE DE SEU GOSTO. QUANTO MAIS ALTA A PORCENTAGEM, MENOS DOCE O CHOCOLATE É E MAIS INTENSO É O SEU SABOR. A PORCENTAGEM DE 70% DE CACAU NA COMPOSIÇÃO DO CHOCOLATE CONHECIDO COMO AMARGO É CONSIDERADA ALTA, MAS JÁ EXISTEM CHOCOLATES COM ATÉ 85% DE CACAU.

**CACAU EM PÓ** *é o cacau processado e enriquecido com componentes alcalinos através de um processo chamado* dutching, *desenvolvido na Holanda. O produto final tem sabor mais pronunciado de chocolate, além de cor mais forte.*

## Chocolate PICADO

É bem mais fácil picar uma barra de chocolate com uma faca de serra, que causa mais atrito, do que com uma faca de corte liso, que tende a escorregar. Para obter pedaços bem pequenos, use o processador, picando um pouco de cada vez e usando o botão "pulsar" para que a lâmina não aqueça demais e derreta o chocolate.

## GANACHE RÁPIDA

**Em vez de esperar a ganache esfriar até ficar na consistência certa para ser espalhada, acrescente – fora do fogo – o chocolate finamente picado ao creme quase fervente. O chocolate vai derreter, esfriando o creme de forma que possa ser utilizado em seguida.**

## Chocolate BRANCO

O chocolate é muito sensível ao calor, por isso guarde-o em local fresco, mas não dentro da geladeira. Se o chocolate passar por variações muito grandes de temperatura, pode perder a cor e criar uma camada esbranquiçada na superfície — ainda assim pode ser utilizado em receitas.

## NIBS DE CACAU

SÃO OBTIDOS NAS PRIMEIRAS ETAPAS DA PRODUÇÃO DO CHOCOLATE. AS SEMENTES DO CACAU SÃO SECAS, TOSTADAS E DEPOIS ESMIGALHADAS ATÉ SE FORMAREM OS CHAMADOS "NIBS". EM SEGUIDA, ELES SÃO MOÍDOS PARA SEPARAR A MANTEIGA DA PARTE SÓLIDA DO CACAU. OS NIBS TÊM TEXTURA MUITO PECULIAR E GOSTO DE CHOCOLATE, EMBORA SEM AÇÚCAR NENHUM. SÃO ENCONTRADOS EM LOJAS ESPECIALIZADAS EM PRODUTOS NATURAIS.

**CHOCOLATE AO LEITE** *Procure utilizar chocolate ao leite com pelo menos 33% de cacau, para que o bolo tenha o sabor do chocolate, não só a doçura. Procure em lojas especializadas em confeitaria em vez de nos supermercados tradicionais.*

## E SE PINGAR?

Se respingar um pouco de água no chocolate que está derretendo em banho-maria, as partículas do cacau vão se aglutinar e o chocolate não vai derreter corretamente. Se esse chocolate for acrescentado à massa, é até recomendável acrescentar um pouco de água para diluir as partículas; experimente 1 ou 2 colheres (sopa). Mas se ele for utilizado sozinho, é melhor descartar e começar tudo de novo.

## Você SABIA?

O CHOCOLATE BRANCO, A RIGOR, NÃO PODERIA SER CONSIDERADO CHOCOLATE, POIS NÃO CONTÉM A PARTE SÓLIDA DO CACAU E NÃO TEM GOSTO DE CHOCOLATE; ELE É FEITO APENAS DE GORDURA, AÇÚCAR E PARTÍCULAS SÓLIDAS DE LEITE.

# Bolo de cookies e creme

TEMPO DE PREPARO + COZIMENTO **1 HORA 15 MINUTOS (+ REFRIGERAÇÃO)** RENDE **10 PORÇÕES**

**250 g de manteiga em temperatura ambiente**
**2 colheres (chá) de essência de baunilha**
**1 1/4 xícara (275 g) de açúcar**
**3 ovos**
**2 1/4 xícaras (335 g) de farinha de trigo com adição de fermento**
**1/4 de xícara (35 g) de farinha de trigo comum**
**3/4 de xícara (180 ml) de leite**
**150 g de biscoito de chocolate recheado com creme, grosseiramente picado**
**5 biscoitos de chocolate recheados com creme, esmigalhados**

CREME DE CONFEITEIRO
**3 xícaras (750 ml ) de leite**
**3 colheres (chá) de essência de baunilha**
**6 gemas**
**1/2 xícara (110 g) de açúcar**
**1/3 de xícara (50 g) de amido de milho**
**60 g de manteiga**
**200 g de chocolate meio amargo picado**

1 Preaqueça o forno a 180 °C. Unte uma fôrma redonda de bordas altas com 20 cm de diâmetro e forre a base e as laterais com três camadas de papel-manteiga de modo que o papel ultrapasse a borda em 2 cm.
2 Coloque a manteiga, a baunilha e o açúcar em uma tigela média e bata com uma batedeira portátil até ficar leve e fofo. Adicione os ovos, um por vez, mexendo a cada adição. Acrescente as farinhas peneiradas e o leite em duas partes, alternando entre eles. Junte o biscoito picado e misture. Transfira para a fôrma preparada e espalhe bem a massa, alisando a superfície.
3 Asse por 1 hora ou até que um palito inserido no centro saia limpo. Deixe amornar na fôrma por 5 minutos antes de desenformar sobre uma grelha para esfriar.
4 Enquanto isso, prepare o creme de confeiteiro.
5 Divida o bolo em três camadas. Bata mais uma vez cada creme de confeiteiro até ficar macio. Coloque a parte de baixo do bolo em um prato ou um suporte de bolo e espalhe metade do creme de confeiteiro de chocolate. Cubra com a parte do meio do bolo e espalhe o creme tradicional. Finalize a montagem com a parte de cima do bolo e espalhe o restante do creme de chocolate. Decore com os biscoitos esmigalhados.

CREME DE CONFEITEIRO Coloque o leite e a baunilha em uma caçarola pequena e leve ao fogo médio até quase ferver. Bata as gemas, o açúcar e o amido de milho em uma tigela e acrescente o leite quente aos poucos, mexendo sempre. Coloque tudo de volta na panela e leve ao fogo baixo. Cozinhe por 5 minutos ou até o creme ferver e engrossar. Retire do fogo e junte 40 g de manteiga. Separe um terço do creme em uma tigela pequena. Ao creme restante, acrescente o chocolate e o resto da manteiga e misture até dissolver bem. Cubra as duas tigelas e leve à geladeira para esfriar.

TÉCNICAS Passo 1: ver ***"como forrar uma fôrma redonda"***, página 276. Passo 5: ver ***"como dividir um bolo em camadas iguais"***, página 277.
FAÇA ANTES Tanto o bolo quanto os cremes podem ser preparados com um dia de antecedência. Guarde o bolo dentro de um recipiente hermético em temperatura ambiente e deixe os cremes na geladeira, bem cobertos.

# Bolo de chocolate E CREME DE AMENDOIM

TEMPO DE PREPARO + COZIMENTO **1 HORA 30 MINUTOS (+ REFRIGERAÇÃO)** RENDE **12 PORÇÕES**

**$^1/_2$ xícara (50 g) de cacau em pó**
**$^1/_2$ xícara (125 ml) de água fervente**
**185 g de manteiga em temperatura ambiente**
**$1^1/_2$ xícara (330 g) de açúcar**
**1 colher (chá) de extrato de baunilha**
**3 ovos**
**$^1/_4$ de xícara (70 g) de creme de amendoim**
**$1^1/_2$ xícara (225 g) de farinha de trigo com adição de fermento**
**$^1/_2$ xícara (75 g) de farinha de trigo comum**
**$^3/_4$ de xícara (180 ml) de leitelho (buttermilk, ver DICA)**
**220 g de chocolate ao leite (33% cacau) recheado com creme de amendoim grosseiramente picado**

GANACHE DE CREME DE AMENDOIM
**360 g de chocolate branco picado**
**2 colheres (sopa) de creme de amendoim**
**$^1/_2$ xícara (125 ml) de creme de leite fresco**

**1** Preaqueça o forno a 180 °C. Unte uma fôrma quadrada de bordas altas com 20 cm e forre a base e as laterais com papel--manteiga.
**2** Coloque o cacau e a água em uma jarra refratária e misture até dissolver. Deixe esfriar por 10 minutos.
**3** Coloque a manteiga, o açúcar e a baunilha em uma tigela pequena e bata com uma batedeira portátil até ficar leve e fofo. Adicione os ovos, um de cada vez, depois a mistura de chocolate e o creme de amendoim, misturando a cada adição, até incorporar bem; não se preocupe se parecer meio talhado nesta etapa. Acrescente os ingredientes secos peneirados e o leitelho, em duas levas, misturando até ficar cremoso. Transfira a massa para a fôrma preparada.
**4** Asse por 1h15 ou até que um palito inserido no centro da massa saia limpo. Deixe amornar na fôrma por 5 minutos antes de desenformar sobre uma grelha para esfriar.
**5** Enquanto isso, prepare a ganache de creme de amendoim.
**6** Bata a ganache fria com uma batedeira portátil até ficar leve e fofa. Espalhe-a sobre o bolo já frio e decore com o chocolate recheado picado.

GANACHE DE CREME DE AMENDOIM Coloque o chocolate e o creme de amendoim em uma tigela refratária média. Aqueça o creme de leite em uma caçarola pequena até quase ferver. Despeje sobre a mistura de chocolate, mexendo até dissolver e ficar cremoso. Cubra e leve à geladeira por 1 hora, mexendo de vez em quando, até esfriar bem e encorpar um pouco.

DICA Se não encontrar leitelho pronto, prepare uma versão caseira misturando $^1/_3$ de iogurte natural desnatado e $^2/_3$ de leite desnatado.
TÉCNICAS Passo 1: ver ***"como forrar uma fôrma quadrada"***, página 276.
FAÇA ANTES O bolo pode ser assado com até três dias de antecedência. Guarde o bolo dentro de um recipiente hermético em temperatura ambiente. A ganache de creme de amendoim fica mais gostosa se preparada no dia.

# Cheesecake de ricota
## E CHOCOLATE COM FRUTAS CRISTALIZADAS

TEMPO DE PREPARO + COZIMENTO **1 HORA 45 MINUTOS (+ RESFRIAMENTO E DESCANSO)** RENDE **12 PORÇÕES**

**180 g de chocolate meio amargo picado**
**180 g de manteiga sem sal em temperatura ambiente**
**1 1/3 xícara (300 g) de açúcar**
**3 ovos**
**1 xícara (120 g) de farinha de amêndoa**
**1/2 xícara (75 g) de farinha de trigo**
**1/4 de xícara (25 g) de cacau em pó**
**400 g de tangerina-cravo ou tangerina-do-rio cristalizada cortada ao meio ou em quartos**

CHEESECAKE DE RICOTA
**250 g de cream cheese em temperatura ambiente**
**400 g de ricota**
**2/3 de xícara (150 g) de açúcar**
**3 ovos**
**2 colheres (sopa) de licor de laranja**
**100 g de tangerina-cravo ou tangerina-do-rio ou laranja cristalizada picada**
**2 colheres (sopa) de limão cristalizado finamente picado**

GANACHE DE CHOCOLATE
**1/2 xícara (125 ml) de creme de leite fresco**
**180 g de chocolate meio amargo picado**

1 Prepare o cheesecake de ricota.
2 Preaqueça o forno a 160 °C. Unte uma fôrma de fundo removível com 25 cm de diâmetro e forre a base e as laterais com papel-manteiga.
3 Coloque o chocolate em uma tigela refratária pequena e encaixe-a sobre uma panela com água fervente; não deixe a água encostar no fundo da tigela. Mexa até derreter e deixe esfriar por 10 minutos.
4 Enquanto isso, coloque a manteiga e o açúcar em uma tigela pequena e bata com uma batedeira portátil até ficar leve e fofo. Adicione os ovos um a um, batendo a cada adição. Acrescente a farinha de amêndoa, a farinha peneirada, o cacau e depois o chocolate derretido. Transfira para a fôrma e espalhe a mistura do cheesecake de ricota por cima.
5 Asse o cheesecake por 1 hora ou até o centro ficar macio. Deixe esfriar dentro do forno desligado com a porta entreaberta.
6 Prepare a ganache de chocolate.
7 Transfira o cheesecake para um prato de servir ou um suporte de bolo. Espalhe a ganache por cima e decore com a tangerina. Deixe descansar até firmar ou leve à geladeira por 30 minutos.

CHEESECAKE DE RICOTA Coloque o cream cheese em uma tigela pequena e bata com uma batedeira portátil até ficar cremoso. Junte a ricota e o açúcar e bata por mais 2 minutos ou até ficar macio. Acrescente os ovos e o licor e bata o suficiente para incorporar. Com uma espátula, misture as frutas cristalizadas.

GANACHE DE CHOCOLATE Aqueça o creme de leite em uma caçarola pequena até quase ferver e retire do fogo. Acrescente o chocolate e misture até dissolver bem. Deixe descansar por 15 minutos ou até a ganache adquirir a consistência certa para ser espalhada.

DICAS Você pode substituir as frutas cristalizadas pelas de sua preferência. Fatie o bolo com uma faca quente e limpe a lâmina antes de cada corte.
TÉCNICAS Passo 3: ver *"como derreter chocolate"*, página 277.
FAÇA ANTES O cheesecake fica com uma textura mais macia se preparado no dia, embora possa ser feito com um dia de antecedência; neste caso, guarde coberto dentro da geladeira.

Fofinho,
úmido
com um toque de
canela
e banhado com cobertura
mocha quente

Babá de canela e chocolate
[RECEITA NAS PÁGINAS 40 E 41]

# Babá de canela E CHOCOLATE

TEMPO DE PREPARO + COZIMENTO **1 HORA 20 MINUTOS (+DESCANSO)** RENDE **8 PORÇÕES**

$\frac{1}{2}$ xícara (80 g) de uvas-passas claras
$\frac{1}{3}$ de xícara (80 ml) de licor de café
$\frac{3}{4}$ de xícara (180 ml) de leite morno
4 colheres (chá) de fermento biológico seco (14 g)
$\frac{1}{2}$ xícara (110 g) de açúcar
2 ovos ligeiramente batidos
1 gema
3 xícaras (450 g) de farinha de trigo 00 (ver DICAS), farinha de rosca ou farinha de trigo comum
3 colheres (chá) de flor de sal
150 g de manteiga amolecida cortada em cubos, mais 40 g para o recheio
200 g de chocolate meio amargo picado
$\frac{1}{2}$ xícara de creme de leite fresco
$\frac{1}{4}$ de xícara (35 g) de nozes picadas

RECHEIO

$\frac{2}{3}$ de xícara (70 g) de nozes levemente tostadas e picadas
$\frac{1}{3}$ de xícara (75 g) de açúcar mascavo (ver DICAS)
2 colheres (chá) de canela em pó
150 g de chocolate meio amargo grosseiramente picado

1 Em uma tigela pequena, misture as passas e o licor e reserve.
2 Misture o leite, o fermento e 1 colher (chá) do açúcar em uma tigela pequena e cubra com filme de PVC. Deixe em local protegido por 10 minutos ou até ficar esponjoso. Acrescente os ovos e a gema.
3 Coloque a farinha, o sal, o restante do açúcar e a mistura de fermento na tigela da batedeira equipada com o batedor tipo gancho. Bata em velocidade baixa até obter uma mistura homogênea; então aumente para velocidade média e bata por 5 minutos ou até obter uma massa lisa e elástica. Sem desligar a batedeira, acrescente a manteiga em cubos, um pedaço por vez, certificando-se de que cada cubo foi completamente incorporado antes de acrescentar o próximo. Bata até a massa ficar bem macia e elástica. Transfira para uma tigela untada e cubra com filme de PVC. Deixe descansar em local protegido por 1 hora ou até a massa dobrar de volume; tome cuidado para que a temperatura não esteja muito alta e a manteiga derreta, deixando a massa gordurosa.
4 Enquanto isso, misture os ingredientes do recheio em outra tigela.
5 Preaqueça o forno a 200 °C. Unte com manteiga uma fôrma antiaderente de furo no centro e bordas altas com 21 cm de diâmetro. Escorra as passas e reserve 2 colheres (sopa) do líquido.
6 Dê um soco fraco no centro da massa. Sove ligeiramente até ficar macia. Com um rolo, abra-a sobre papel-manteiga polvilhado com farinha até obter um retângulo de 30 cm x 45 cm com espessura de 1 cm.

[FOTOS NAS PÁGINAS 38 E 39]

7 Espalhe a manteiga restante sobre a massa aberta. Distribua as passas hidratadas no licor e o recheio por toda a extensão da massa. Com a ajuda do papel-manteiga, enrole a massa como um rocambole, começando por um dos lados mais compridos. Use uma faca levemente untada com óleo para cortar o rocambole em 12 pedaços iguais; se necessário, ajeite as fatias com a mão para deixá-las arredondadas. Separe 7 fatias centrais do rocambole e arrume-as dentro da fôrma preparada, com a parte cortada para cima. Cubra com as fatias restantes, sobrepondo-as ligeiramente. Cubra com filme de PVC e deixe descansar em local protegido por 45 minutos ou até que tenha quase dobrado de volume.
8 Asse o babá na parte mais baixa do forno por 40 minutos ou até que a massa esteja cozida por completo. Deixe descansar por 5 minutos antes de desenformar sobre uma grade para esfriar.
9 Coloque o chocolate, o creme de leite e o licor reservado em uma tigela refratária e leve ao micro-ondas. Cozinhe em potência alta por 1 minuto ou até o chocolate derreter e a mistura ficar homogênea. Deixe esfriar por 10 minutos.
10 Sirva o babá morno regado com a cobertura de chocolate e salpicado com as nozes picadas.

**DICAS** Tanto a farinha 00 (de origem italiana, pode ser substituída pela tipo 1 brasileira) quanto a farinha de rosca têm teor de proteína mais alto (entre 12,5% e 14%) do que a farinha de trigo comum (entre 10% e 12%), e é esta proteína (glúten) extra que dá mais estrutura às massas de pão e bolo feitas com fermento biológico; os dois tipos de farinha podem ser encontrados em lojas especializadas. Aperte bem o açúcar mascavo na xícara medidora para obter a quantidade certa pedida na receita.
**PARA FAZER A MASSA À MÃO** No passo 3, misture os ingredientes em uma tigela grande usando uma colher de madeira até obter uma massa macia. Transfira a massa para uma superfície lisa e bem enfarinhada e sove por 5 minutos. Misture a manteiga, um cubo por vez, sovando bem depois de cada adição até que a manteiga tenha sido incorporada e a massa fique macia e elástica. Prossiga, seguindo as instruções do passo 3.
**FAÇA ANTES** O babá fica mais gostoso se preparado no dia.

# Babá de canela E CHOCOLATE

[RECEITA NAS PÁGINAS 40 E 41]

PARA ATIVAR O FERMENTO
Coloque o leite, o fermento e 1 colher (chá) do açúcar em uma tigela pequena e cubra com filme de PVC. Deixe em local protegido por 10 minutos ou até ficar esponjoso. A formação de bolhas indica que o fermento foi ativado. Se não aparecerem bolhas, é possível que o fermento esteja vencido; nesse caso, é preciso começar tudo de novo com fermento fresco.

PARA PREPARAR A MASSA
Certifique-se de que a manteiga a ser adicionada à massa não esteja nem muito amolecida nem muito gelada. Se estiver muito dura, será difícil incorporá-la à massa; se estiver muito mole, a massa vai ficar oleosa e engordurada. Para saber se a manteiga está na temperatura certa, aperte o cubo delicadamente; deve ficar uma marca leve na superfície.

PARA RECHEAR A MASSA
Em dias muito quentes, a massa pode ficar muito mole para ser enrolada; nesse caso, deixe-a na geladeira até firmar um pouco. Na hora de enrolar a massa nas medidas passadas na receita, uma régua ajuda a verificar se as bordas estão retas.

PARA CORTAR A MASSA
Corte a massa com uma faca bem afiada untada. Não pressione a massa; prefira fazer movimentos rápidos de vaivém usando toda a lâmina da faca. O melhor jeito de obter 12 pedaços iguais é cortar o rolo ao meio, depois cada metade ao meio de novo, e por fim cada quarto em três partes.

PARA MONTAR A FÔRMA
Arrume os rolos de massa dentro da fôrma conforme as instruções de preparo para que todos se encaixem perfeitamente. Isso confere ao babá um efeito espiral muito bonito depois de fatiado.

PARA SERVIR
O babá fica mais gostoso se servido morno; fatie com uma faca de serra. O bolo também pode ser congelado. Descongele de um dia para o outro na geladeira. Para reaquecer, embrulhe o babá em papel-alumínio e leve ao forno a 180 °C por 15 minutos ou até aquecer por igual. Regue com a calda.

# Brownie com passas E COBERTURA DE FUDGE

TEMPO DE PREPARO + COZIMENTO **1 HORA 20 MINUTOS (+RESFRIAMENTO)** RENDE **10 PORÇÕES**

**100 g de uvas-passas escuras sem sementes**
**100 g de uvas-passas escuras em rama**
**1 xícara (250 ml) de vinho moscatel ou tokay (ver DICAS)**
**250 g de manteiga picada**
**500 g de chocolate meio amargo picado**
**1 xícara (220 g) de açúcar mascavo (ver DICAS)**
**3 ovos**
**$1^1/_2$ xícara (225 g) de farinha de trigo comum**
**1 xícara (150 g) de farinha de trigo com adição de fermento**
**$^1/_3$ de xícara (80 g) de creme azedo (sour cream, ver GLOSSÁRIO)**
**2 colheres (sopa) de açúcar**

COBERTURA DE FUDGE
**250 g de chocolate meio amargo**
**$^1/_2$ xícara (120 g) de creme azedo (sour cream, ver GLOSSÁRIO)**
**$^1/_4$ de xícara (40 g) de açúcar de confeiteiro**

**1** Coloque as passas em tigelas separadas. Despeje o vinho em uma leiteira pequena e aqueça em fogo médio até ferver. Coloque metade do vinho em cada tigela com as passas e deixe descansar por 30 minutos. Coe as passas sem sementes, despejando o líquido dentro da tigela com as passas em rama.
**2** Preaqueça o forno a 160 °C. Unte uma fôrma quadrada de 20 cm e forre a base e as laterais com papel-manteiga.
**3** Coloque a manteiga em uma panela pequena e leve ao fogo baixo até derreter. Adicione o chocolate e mexa até dissolver. Retire do fogo e acrescente o açúcar mascavo. Deixe esfriar por 10 minutos. Junte os ovos à mistura de chocolate, mexendo a cada adição. Acrescente as passas sem sementes, mexendo para que fiquem bem envolvidas no chocolate, e então adicione as farinhas e o creme azedo. Transfira a massa para a fôrma preparada e alise a superfície.
**4** Asse o bolo por 1h10 ou até que a parte de cima esteja firme e um palito inserido no centro saia com algumas migalhas úmidas. Deixe esfriar na própria fôrma.
**5** Enquanto isso, escorra as passas em rama, despejando o líquido em uma caçarola pequena. Reserve as passas. Adicione o açúcar à panela e aqueça até ferver, mexendo para dissolvê-lo. Reduza para fogo baixo e cozinhe por 5 minutos, até obter um xarope encorpado. Junte as passas em rama e cozinhe por mais 1 minuto. Desligue o fogo e deixe esfriar.
**6** Prepare a cobertura de fudge.
**7** Espalhe a cobertura sobre o bolo já frio. Decore com as passas em rama e regue com o xarope.

**COBERTURA DE FUDGE** Coloque o chocolate em uma tigela refratária sobre uma panela com água fervente; cuide para que a água não encoste no fundo da tigela. Mexa até o chocolate derreter. Acrescente o creme azedo. Peneire o açúcar de confeiteiro aos poucos, mexendo sempre, até ficar cremoso.

DICAS Moscatel e tokay são vinhos de sobremesa, mais adocicados, disponíveis em supermercados e lojas especializadas em bebidas. Podem ser substituídos por xerez ou vinho do Porto. Aperte bem o açúcar mascavo na xícara medidora para obter a quantidade certa pedida na receita.
TÉCNICAS Passo 2: ver *"como forrar uma fôrma quadrada"*, página 276. Passo 6: ver *"como derreter chocolate"*, página 277.
FAÇA ANTES O brownie pode ser preparado com um dia de antecedência. Guarde dentro de um recipiente hermético em temperatura ambiente.

FABULOSOS

# Laranjas & LIMÕES

# EXPLOSÕES CÍTRICAS DE Laranjas e limões dão a alegria do sol A TUDO QUE TOCAM

# BOLO DE PISTACHE e creme de limão

TEMPO DE PREPARO + COZIMENTO **1 HORA 20 MINUTOS (+ REFRIGERAÇÃO)** RENDE **12 PORÇÕES**

**$1\frac{1}{4}$ xícara (160 g) de pistache sem casca finamente picado**
**125 g de manteiga sem sal**
**1 xícara (200 g) de açúcar**
**1 colher (sopa) de raspas da casca de limão-siciliano**
**3 ovos**
**$\frac{2}{3}$ de xícara (100 g) de farinha de trigo especial para bolos**
**1 colher (sopa) de fermento químico em pó**

CREME DE LIMÃO
**3 ovos**
**$1\frac{1}{2}$ colher (sopa) de raspas da casca de limão-siciliano**
**$\frac{1}{2}$ xícara (125 ml) de suco de limão-siciliano**
**$\frac{3}{4}$ de xícara (165 g) de açúcar**
**100 g de manteiga sem sal**

**1** Prepare o creme de limão.
**2** Preaqueça o forno a 180 °C. Unte uma fôrma de fundo removível de 22 cm de diâmetro e forre a base e a lateral com duas camadas de papel-manteiga. Borrife um pouco de óleo sobre o papel que recobre as laterais, evitando a base. Coloque $\frac{1}{3}$ de xícara (45 g) de pistache picado na fôrma e gire-a para que o pistache grude nas laterais.
**3** Coloque a manteiga, o açúcar e as raspas de limão em uma tigela média e bata até obter um creme pálido e aerado. Adicione os ovos, um a um, batendo a cada adição até incorporar bem.
**4** Peneire a farinha e o fermento em uma tigela pequena, junte $\frac{2}{3}$ de xícara (90 g) de pistache e misture. Com uma colher de metal grande, incorpore os ingredientes secos à mistura de ovos com movimentos circulares, de cima para baixo.
**5** Transfira a massa para a fôrma preparada. Dê leves batidinhas na lateral da fôrma para que a massa fique bem distribuída. Espalhe 1 xícara (200 g) do creme de limão sobre a massa, nivelando a superfície. Cubra com o restante do pistache picado. Cubra o restante do creme de limão com filme de PVC e leve à geladeira.
**6** Asse o bolo por 40 minutos. Passado esse tempo, proteja a superfície com um disco de papel-manteiga para evitar que o pistache se queime e asse por mais 10 minutos ou até que um palito inserido no centro saia limpo (o topo do bolo ainda vai estar levemente mole). Sirva o bolo morno ou em temperatura ambiente, acompanhado do creme de limão.

CREME DE LIMÃO Coloque os ovos, as raspas e o suco de limão e o açúcar em uma tigela refratária média e leve ao banho-maria. Cozinhe por 10 minutos, mexendo sempre, até a mistura engrossar o suficiente para cobrir as costas de uma colher. Adicione a manteiga aos poucos, misturando a cada adição até dissolver por completo. Desligue o fogo e coe em uma tigela média. Cubra a superfície com filme de PVC e deixe esfriar. Leve à geladeira por 3 horas ou até gelar.

DICAS Use o processador para picar os pistaches; com a função "pulsar", você obtém uma textura mais homogênea. A farinha especial para bolo tem um teor menor de proteína do que a farinha comum, e isso significa uma crosta mais fina e macia para o bolo. O creme de limão fica mais gostoso se preparado com suco de limão fresco.
FAÇA ANTES O creme de limão pode ser preparado com até uma semana de antecedência e guardado em um recipiente hermético dentro da geladeira. O bolo fica mais gostoso quando assado no dia.

# Bolo de limão
## COM COBERTURA DE MASCARPONE

TEMPO DE PREPARO + COZIMENTO **1 HORA 45 MINUTOS (+DESCANSO)** RENDE **12 PORÇÕES**

**225 g de manteiga amolecida**
**1 1/2 colher (sopa) de raspas de casca de limão-siciliano**
**1 xícara (220 g) de açúcar**
**3 ovos**
**1/2 xícara (160 g) de creme de limão (ver DICA)**
**1 1/2 xícara (225 g) de farinha de trigo com adição de fermento**
**3/4 de xícara (110 g) de farinha de trigo comum**
**1/4 de colher (chá) de sal**
**1 xícara (250 ml) de leite**

CROCANTE DE GERGELIM
**1/3 de xícara (75 g) de açúcar**
**1 1/2 colher (sopa) de água**
**2 colheres (chá) de gergelim tostado**

COBERTURA DE MASCARPONE
**300 ml de creme de leite fresco**
**250 g de queijo mascarpone em temperatura ambiente**
**2 colheres (chá) de açúcar de confeiteiro**

1 Preaqueça o forno a 180 °C. Unte uma fôrma de furo no meio e bordas altas com 25 cm de diâmetro.
2 Coloque a manteiga, as raspas de limão e o açúcar em uma tigela pequena e bata até obter um creme pálido e aerado. Adicione os ovos, um a um, batendo a cada adição até incorporar bem. Acrescente o creme de limão, as farinhas peneiradas, o sal e o leite. Transfira a massa para a fôrma preparada.
3 Asse o bolo por 45 minutos ou até que um palito inserido no centro saia limpo. Deixe descansar na fôrma por 15 minutos antes de desenformar sobre uma grelha para esfriar.
4 Enquanto isso, prepare o crocante de gergelim.
5 Prepare a cobertura de mascarpone.
6 Nivele a base do bolo, se necessário (ver TÉCNICAS), e coloque-o em um prato de servir. Espalhe metade da cobertura sobre o bolo e decore com o crocante de gergelim. Sirva o bolo acompanhado do restante da cobertura.

CROCANTE DE GERGELIM Forre uma assadeira com papel-manteiga. Coloque o açúcar e a água em uma caçarola pequena e leve ao fogo médio, mexendo até dissolver o açúcar. Espere ferver e reduza para fogo baixo. Cozinhe até formar um caramelo dourado (ver TÉCNICAS). Despeje a mistura imediatamente na assadeira preparada e salpique o gergelim por toda a extensão. Deixe esfriar até firmar. Pique 1/4 desse crocante em pedacinhos bem pequenos e quebre o restante em pedaços médios.

COBERTURA DE MASCARPONE Coloque 3/4 de xícara (180 ml) do creme de leite em uma tigela pequena e bata com uma batedeira portátil até obter picos moles. Misture o mascarpone e o açúcar de confeiteiro peneirado em uma tigela média, acrescente o creme batido e depois o restante do creme de leite.

DICA Esta receita utiliza creme de limão comprado pronto, mas você pode preparar uma versão caseira a partir da receita da página 50.
TÉCNICAS Passo 4: ver ***"como preparar caramelo e praliné"***, página 277. Passo 6: ver ***"como nivelar um bolo"***, página 277.
FAÇA ANTES Tanto o bolo quanto o crocante podem ser preparados com um dia de antecedência. Guarde separadamente dentro de recipientes herméticos em temperatura ambiente. A cobertura fica mais gostosa se preparada minutos antes de ser servida.

# Bolo de semolina COM LARANJA E xarope de alecrim

TEMPO DE PREPARO + COZIMENTO **2 HORAS 40 MINUTOS (+DESCANSO)** RENDE **12 PORÇÕES**

**2 laranjas grandes inteiras (600 g)**
**1 colher (chá) de fermento químico em pó**
**6 ovos**
**1 xícara (220 g) de açúcar**
**1 xícara (150 g) de semolina fina**
**1$^1/_4$ xícara (150 g) de farinha de amêndoa**
**1$^1/_2$ colher (chá) de folhas de alecrim fresco finamente picadas**

XAROPE DE ALECRIM
**2 laranjas grandes (600 g)**
**$^1/_2$ xícara (110 g) de açúcar**
**$^1/_2$ xícara (125 ml) de água**
**1$^1/_2$ colher (sopa) de suco de limão-siciliano**
**2 colheres (sopa) de licor de laranja**
**2 ramos de alecrim fresco com 8 cm de comprimento**

**1** Coloque as laranjas em uma caçarola média e cubra com água fria. Leve ao fogo alto até ferver. Cozinhe, com a panela tampada, por 1h30 ou até as laranjas ficarem macias. Escorra e deixe esfriar.
**2** Preaqueça o forno a 180 °C. Unte uma fôrma redonda de bordas altas com 22 cm de diâmetro e forre a base e as laterais com papel-manteiga.
**3** Corte o topo e a base das laranjas e descarte. Corte-as ao meio e retire as sementes. Coloque as laranjas com casca e o fermento no liquidificador e bata até obter uma polpa. Transfira para uma tigela grande.
**4** Ainda no liquidificador, bata os ovos e o açúcar por 5 minutos ou até engrossar e ficar cremoso. Despeje a mistura de ovos sobre a polpa de laranja processada. Acrescente a semolina, a farinha de amêndoa e o alecrim picado. Misture bem e transfira para a fôrma preparada.
**5** Asse o bolo por 1 hora ou até que um palito inserido no centro saia limpo. Deixe descansar na fôrma por 45 minutos antes de desenformar sobre o prato de servir.
**6** Prepare o xarope de alecrim.
**7** Regue o bolo ainda morno com o xarope quente. Sirva morno ou em temperatura ambiente.

XAROPE DE ALECRIM Descasque uma das laranjas usando um zester (ralador de cítricos) para obter palitos fininhos. Use um descascador de legumes para retirar uma fita longa e fina da casca da outra laranja. Coloque o açúcar, a água e o suco de limão em uma caçarola pequena e leve ao fogo baixo. Cozinhe, sem ferver, até dissolver o açúcar. Acrescente a longa fita de casca e espere ferver. Ferva por 5 minutos ou até engrossar o xarope. Retire do fogo e junte o licor, o alecrim e os palitinhos de casca de laranja.

**DICAS** Se você não tiver um zester, use o descascador de legumes para obter fitas largas de casca da laranja e depois corte-as em palitos fininhos. Você pode variar o sabor do xarope substituindo o alecrim por um pau de canela ou uma fava de baunilha cortada ao meio no sentido do comprimento.
**TÉCNICAS** Passo 2: ver ***"como forrar uma fôrma redonda"***, página 276.
**FAÇA ANTES** O bolo fica mais gostoso quando assado no dia.

# Bolo de crepe de sementes DE PAPOULA COM CREME DE LIMÃO

TEMPO DE PREPARO + COZIMENTO **1 HORA 30 MINUTOS (+REFRIGERAÇÃO, RESFRIAMENTO E DESCANSO)** RENDE **8 PORÇÕES**

**1 xícara (150 g) de farinha de trigo**
**4 ovos**
**1 colher (sopa) de óleo**
**2 xícaras (500 ml) de leite**
**1 colher (sopa) de sementes de papoula (ver DICAS)**
**500 g de queijo mascarpone**
**50 g de suspiros comprados prontos**

CREME DE LIMÃO
**1 folha (5 g) de gelatina sem sabor em pó incolor**
**3 ovos**
**4 gemas**
**2 colheres (chá) de raspas de casca de limão-siciliano**
**$^1/_2$ xícara (125 ml) de suco de limão-siciliano**
**1 xícara (220 g) de açúcar**
**250 g de manteiga picada**

MIRTILOS COM BAUNILHA
**1 fava de baunilha**
**$^1/_2$ xícara (110 g) de açúcar**
**$^1/_4$ de xícara (60 ml) de água**
**uma tira de casca de limão-siciliano com 5 cm de comprimento**
**250 g de mirtilos**

**1** Prepare o creme de limão. Depois, os mirtilos com baunilha.
**2** Coloque a farinha em uma tigela e abra uma cova no meio. Bata os ovos, o óleo e o leite e despeje aos poucos no centro da farinha, misturando bem até ficar homogêneo. Transfira para uma jarra e adicione as sementes de papoula. Deixe descansar por 30 minutos.
**3** Mexa a massa. Unte uma frigideira com 20 cm de diâmetro e leve ao fogo baixo para aquecer. Despeje $^1/_4$ de xícara de massa na frigideira e faça movimentos circulares para cobrir o fundo. Cozinhe em fogo baixo, soltando as bordas com uma espátula até dourar. Vire o crepe e doure do outro lado. Repita o procedimento com o restante da massa para obter 15 crepes.
**4** Disponha um crepe em um prato com bordas. Cubra com $^1/_3$ de xícara do creme de limão e coloque outro crepe. Cubra com $^1/_3$ de xícara do mascarpone e coloque mais um crepe. Repita as camadas, finalizando com um crepe. Arrume pedaços de suspiro nas bordas para manter a estrutura mais firme.
**5** Sirva o bolo de crepe com os mirtilos por cima. Se quiser, polvilhe açúcar de confeiteiro.

CREME DE LIMÃO Hidrate a gelatina em água fria por 3 minutos; esprema para retirar o excesso de líquido (ver TÉCNICAS). Reserve. Em uma tigela refratária média, misture os ovos, as gemas, as raspas de casca e o suco de limão e o açúcar. Coloque a tigela sobre uma panela com água fervente, cuidando para que a água não encoste no fundo da tigela. Cozinhe por 10 minutos, mexendo sempre, até engrossar o suficiente para cobrir as costas de uma colher. Adicione a manteiga, um pedaço por vez, misturando bem. Junte a gelatina e mexa até dissolver. Deixe esfriar antes de levar à geladeira por, no mínimo, 3 horas ou de um dia para o outro.

MIRTILOS COM BAUNILHA Corte a fava de baunilha no sentido do comprimento, raspe as sementes (ver TÉCNICAS) e coloque-as em uma caçarola junto com a fava. Adicione o açúcar, a água e a casca de limão e leve ao fogo baixo, mexendo sempre sem ferver, até dissolver o açúcar. Deixe ferver e depois reduza o fogo novamente, cozinhando por mais 3 minutos. Retire do fogo e acrescente os mirtilos. Deixe esfriar.

DICAS Caso não encontre sementes de papoula, substitua por chia. Esta massa rende 15 crepes, embora às vezes o primeiro não saia muito bonito porque a frigideira ainda está esquentando. Escolha os 14 melhores para montar o bolo.
TÉCNICAS Passo 1: ver ***"como dissolver folhas de gelatina"***, página 277. Passo 2: ver ***"como utilizar favas de baunilha"***, página 276.
FAÇA ANTES Tanto os crepes quanto o creme de limão podem ser feitos com um dia de antecedência. Guarde os crepes empilhados com um pedaço de papel-manteiga entre eles e armazene o creme em um recipiente hermético. Mantenha na geladeira até a hora de montar o bolo.

# Bolo de crepe de sementes DE PAPOULA COM CREME DE LIMÃO

[RECEITA NA PÁGINA 57]

PARA O CREME DE LIMÃO
Certifique-se de que a água fervente não toque o fundo da tigela e de que a mistura não esquente demais, do contrário pode talhar. O creme estará no ponto certo quando engrossar o suficiente para cobrir as costas de uma colher.

PARA OS MIRTILOS COM BAUNILHA
Corte a fava de baunilha ao meio no sentido do comprimento e raspe as sementes (ver ***"como utilizar favas de baunilha"***, página 276); se preferir, substitua por 1 colher (chá) de extrato de baunilha ou pasta de baunilha. Cozinhe a baunilha com os outros ingredientes por alguns minutos, só por tempo suficiente para que os mirtilos aromatizem o xarope, mas sem se desmancharem.

PARA A MASSA DOS CREPES
Misture os ingredientes da massa dos crepes conforme as instruções. Se preferir, coloque todos os ingredientes no liquidificador, dessa forma não será preciso transferir a massa para uma jarra na hora de misturar as sementes de papoula. Deixar a massa descansar faz com que o glúten da farinha se assente e resulte em crepes mais macios.

PARA COZINHAR OS CREPES

Se você tiver uma frigideira para crepes, utilize-a nesta etapa; esse tipo de panela tem fundo grosso para cozimento por igual e bordas baixas que facilitam virar e retirar o crepe. Uma frigideira antiaderente também serve. Conforme você for preparando os crepes, a frigideira ficará cada vez mais quente, então é necessário reduzir o fogo para equilibrar o calor, do contrário vai ficar mais difícil espalhar a massa e os crepes podem queimar.

PARA MONTAR O BOLO DE CREPE

Você vai precisar de cerca de 20 minutos para montar o bolo de crepe. Arrume os pedaços de suspiro na borda dos crepes para dar sustentação e evitar que escorreguem. Se for realmente necessário, é possível montar o bolo, sem os mirtilos, com até 3 horas de antecedência e guardá-lo na geladeira. Para ficar mais gostoso, retire da geladeira 30 minutos antes de servir.

PARA SERVIR

Corte o bolo com uma faca de lâmina fina bem afiada. Primeiro, espete a ponta da faca no centro do bolo e depois faça um corte reto. Depois de cortar algumas fatias, limpe a faca com papel-toalha para que os cortes saiam limpos e bonitos.

Bolo de frozen iogurte de limão e maracujá
[RECEITA NAS PÁGINAS 62 E 63]

# Bolo de frozen iogurte DE LIMÃO E MARACUJÁ

TEMPO DE PREPARO + COZIMENTO **1 HORA 15 MINUTOS (+REFRIGERAÇÃO E CONGELAMENTO)** RENDE **12 PORÇÕES**

*Comece esta receita no dia anterior.*

**$^3/_4$ de xícara (110 g) de farinha de trigo comum**
**$^1/_4$ de xícara (35 g) de farinha de trigo com adição de fermento**
**$^1/_2$ colher (chá) de bicarbonato de sódio**
**2 colheres (chá) de raspas de casca de limão**
**$^1/_3$ de xícara (90 g) de açúcar de coco (ver DICAS)**
**65 g de manteiga**
**$^1/_3$ de xícara (115 g) de melaço**
**1 ovo**
**$^1/_2$ xícara (125 ml) de leitelho (buttermilk, ver DICAS)**
**$1^1/_2$ xícara (420 g) de iogurte grego**
**300 ml de creme de leite fresco**
**$^2/_3$ de xícara (160 ml) de polpa de maracujá (ver DICAS)**

LIMÃO CRISTALIZADO

**$1^1/_2$ xícara (305 g) de açúcar de coco**
**$^1/_2$ xícara (125 ml) de água**
**2 colheres (sopa) de suco de limão**
**1 talo de capim-limão fresco cortado em quartos e tostado**
**4 limões sem casca cortados em rodelas bem finas**

**1** Prepare o limão cristalizado.
**2** Preaqueça o forno a 170 °C. Unte uma assadeira de 26 cm x 32 cm e forre a base e as laterais com papel-manteiga de modo que o papel ultrapasse as bordas em 2 cm.
**3** Peneire as farinhas e o bicarbonato em uma tigela média e acrescente as raspas da casca. Coloque o açúcar, a manteiga e o melaço em uma caçarola pequena e leve ao fogo baixo, mexendo até dissolver o açúcar. Despeje a mistura de manteiga ainda morna sobre a farinha e junte o ovo e o leitelho. Misture bem e transfira para a assadeira preparada.
**4** Asse por 12 minutos ou até o bolo encolher um pouco e o topo ficar firme ao toque, mas ainda macio. Pincele o bolo ainda morno com 2 colheres (sopa) do xarope do limão cristalizado reservado. Deixe esfriar na assadeira.
**5** Forre a base e as laterais de uma fôrma para bolo inglês de 14 cm x 23 cm com papel-manteiga. Disponha as rodelas de limão, sobrepondo-as um pouco, no fundo da fôrma.
**6** Em uma tigela pequena, bata o iogurte e o creme de leite com uma batedeira portátil até obter picos moles. Acrescente o restante dos ingredientes, exceto 1 colher (sopa) do restante do xarope de limão reservado e metade da polpa de maracujá.

Com cuidado, despeje pouco mais de $^1/_3$ da mistura de iogurte (cerca de $1^1/_2$ xícara) dentro da fôrma com as rodelas de limão. Corte um pedaço de bolo com 12 cm x 22 cm e disponha sobre a mistura de iogurte. Cubra a fôrma e leve ao congelador por 1 hora ou até firmar. Nesse intervalo, refrigere o restante da mistura de iogurte e cubra o que restou do bolo.

**7** Passado esse tempo, despeje o restante da mistura de iogurte na fôrma. Corte outro pedaço de bolo com 12 cm x 22 cm e disponha sobre o iogurte. Cubra e leve ao congelador por 3 horas, no mínimo, ou deixe de um dia para o outro.

**8** Desenforme o bolo sobre um prato de servir, com as rodelas de limão para cima, e deixe assentar por 10 minutos antes de cortar. Na hora de servir, pincele o limão com o xarope reservado e decore com a polpa de maracujá reservada.

**LIMÃO CRISTALIZADO** Coloque o açúcar de coco, a água, o suco de limão e o capim-limão em uma caçarola de fundo grosso média e leve ao fogo baixo. Cozinhe, sem ferver, até dissolver o açúcar e então aumente o fogo até ferver. Reduza novamente para fogo baixo e cozinhe por 3 minutos, até reduzir e formar um xarope. Retire do fogo, acrescente as rodelas de limão e deixe esfriar. Depois, escorra o limão, reservando as rodelas e o xarope separadamente. Descarte o capim-limão.

**DICAS** O açúcar de coco pode ser encontrado em lojas de produtos naturais, mas pode ser substituído por açúcar demerara ou mascavo. Se não encontrar leitelho pronto, prepare uma versão caseira misturando $^1/_3$ de iogurte natural desnatado e $^2/_3$ de leite desnatado. Você vai precisar de 8 maracujás para esta receita. É possível usar polpa de maracujá congelada, mas verifique o teor de açúcar; se necessário, acrescente 1 ou 2 colheres (chá) de suco de limão para equilibrar a doçura e a acidez.

**VARIAÇÃO** Para preparar um bolo de frozen iogurte de limão e manga, no passo 6 troque a polpa de maracujá por 1 xícara de polpa de manga batida no liquidificador, e no passo 8 decore o bolo com fatias finas de manga em vez do maracujá.

**FAÇA ANTES** Este bolo pode ser preparado com até uma semana de antecedência e guardado no congelador.

[FOTOS NAS PÁGINAS 60 E 61]

# Bolo invertido de fubá, IOGURTE E TANGERINA

TEMPO DE PREPARO + COZIMENTO **1 HORA 5 MINUTOS (+ RESFRIAMENTO)** RENDE **16 PORÇÕES**

**5 tangerinas pequenas (500 g) sem caroço**
**$2^3/_4$ xícaras (440 g) de açúcar**
**1 xícara (250 ml) de água**
**125 g de manteiga sem sal**
**3 ovos**
**1 colher (sopa) de raspas da casca de tangerina**
**1 xícara (170 g) de fubá mimoso**
**1 xícara (280 g) de iogurte grego**
**$1^1/_2$ xícara (180 g) de farinha de amêndoa**
**$1^1/_2$ colher (chá) de fermento químico em pó**

IOGURTE DE TANGERINA
**$^1/_4$ de xícara (55 g) de açúcar**
**$^1/_4$ de xícara (60 ml) de suco de tangerina**
**1 xícara (280 g) de iogurte grego**
**2 colheres (chá) de raspas da casca de tangerina**

**1** Preaqueça o forno a 180 °C. Unte uma fôrma quadrada de bordas altas com 20 cm e forre a base e as laterais com papel--manteiga.
**2** Descasque as tangerinas e remova toda a parte branca que recobre a fruta. Separe em gomos e disponha-os em fileiras no fundo da fôrma.
**3** Coloque 2 xícaras de açúcar e a água em uma caçarola pequena e leve ao fogo baixo, cozinhando sem ferver até dissolver o açúcar. Aumente o fogo e espere ferver. Cozinhe, sem mexer, por 10 minutos ou até formar um caramelo dourado (ver TÉCNICAS). Em seguida, despeje metade desse caramelo sobre os gomos de tangerina. Deixe o restante do caramelo esfriar na panela; não se preocupe se endurecer um pouco, pois ele será reaquecido na última etapa da receita.
**4** Coloque a manteiga, os ovos, as raspas, o fubá e o restante do açúcar em uma tigela grande e bata com uma batedeira portátil até obter um creme pálido e fofo. Acrescente o iogurte, a farinha de amêndoa e o fermento peneirado e misture. Despeje a massa na fôrma preparada com os gomos de tangerina e o caramelo.
**5** Asse por 1 hora ou até dourar e um palito inserido no centro sair limpo. Deixe descansar na fôrma por 5 minutos antes de desenformar, com os gomos para cima, sobre um prato de servir. Deixe amornar.
**6** Enquanto isso, prepare o iogurte de tangerina.
**7** Pouco antes de servir, reaqueça o restante do caramelo em fogo baixo, sem mexer, até derreter de novo. Com muito cuidado, regue o bolo com o caramelo quente e sirva com o iogurte de tangerina.

**IOGURTE DE TANGERINA** Coloque o açúcar e o suco de tangerina em uma caçarola de fundo grosso pequena e leve ao fogo baixo. Cozinhe, sem ferver, até dissolver o açúcar e então aumente o fogo. Ferva, sem mexer, por 3 minutos ou até reduzir e formar um xarope. Deixe esfriar. Misture o iogurte, as raspas de casca e o xarope já frio em uma tigela pequena e cubra. Mantenha na geladeira até a hora de utilizar.

**DICAS** Você vai precisar de 8 tangerinas no total para a receita completa. A tangerina é mais macia que a laranja ou o limão, então obter as raspas da casca requer mais cuidado. Prefira usar um zester (ralador de cítricos) ou um ralador pequeno, se tiver.
**TÉCNICAS** Passo 1: ver ***"como forrar uma fôrma quadrada"***, página 276. Passo 3: ver ***"como preparar caramelo e praliné"***, página 277.
**FAÇA ANTES** Este bolo fica mais gostoso se preparado no dia.

## USE SEMPRE SUCO FRESCO

NÃO CAIA NA TENTAÇÃO DE COMPRAR SUCO PRONTO, POIS O SABOR DEIXA A DESEJAR E, NO CASO DO SUCO DE LIMÃO, PODE TER UM GOSTO RESIDUAL BEM AMARGO.

## Batedeira PORTÁTIL

UMA BATEDEIRA PORTÁTIL É SUFICIENTE PARA PREPARAR MASSAS DE BOLO, CONTANTO QUE VOCÊ GIRE A TIGELA PARA QUE TODOS OS INGREDIENTES SE MISTUREM DE FORMA HOMOGÊNEA. UMA BATEDEIRA PLANETÁRIA (AQUELA EM QUE AS PÁS SE MOVEM SOZINHAS PELO INTERIOR DA TIGELA) É MAIS EFICIENTE, EM ESPECIAL PARA PREPARAR COBERTURAS AERADAS E SUSPIROS, QUE EXIGEM MAIS DE 10 MINUTOS DE TRABALHO. ESSE TIPO DE BATEDEIRA POSSUI UM BATEDOR TIPO GANCHO, QUE TAMBÉM FACILITA O TRABALHO DE MISTURAR MASSAS QUE LEVAM FERMENTO FRESCO.

**GOTA A GOTA** *PARA EXTRAIR O MÁXIMO DE SUCO, EM ESPECIAL DE LIMÕES, ROLE A FRUTA SOBRE UMA SUPERFÍCIE LISA, FAZENDO UMA LEVE PRESSÃO PARA AMACIÁ-LA E LIBERAR O SUMO.*

## RASPAS DA CASCA

A casca externa (ou zest) das frutas cítricas é bastante aromática; é possível ver a olho nu as pequenas glândulas secretoras de óleo, em especial nas tangerinas. Abaixo dessa casca, há uma membrana branca que não deve ser ralada, pois é muito amarga.

### LARANJA-PERA

**A casca esverdeada desta fruta evoca a lembrança dos dias quentes de verão, que são a causa da maior concentração de clorofila na casca. Na verdade, quanto mais verde for a casca, mais doce será a polpa, o que faz esse tipo de laranja ser ideal para fazer suco.**

## OUTROS CÍTRICOS

Nativa do sudeste da Ásia, a tangerina também conhecida como mexerica, bergamota, laranja-cravo ou mandarina. É bastante perfumada tem sabor adocicado e pode substituir a laranja na maioria das preparações. Já a toranja, muitas vezes comercializada como grapefruit, tem sabor agridoce e pode ser usada para fazer compotas e geleias. Outra fruta da mesma família é a lima--da-pérsia, cujo sabor amargo faz com que seja mais usada em sucos e drinques.

## DE OLHO NO FORNO

Não se assuste, mas a maioria dos fornos domésticos está desregulada. Com um termômetro específico, daqueles que ficam dentro do forno enquanto assamos o bolo, é possível verificar a variação de temperatura. Se for muito grande, chame um técnico para recalibrar o forno. Além disso, todo forno esquenta mais de um lado do que de outro, então lembre-se de girar as fôrmas e assadeiras na metade do tempo.

## RALAR SEM ESFORÇO

PARA OBTER RASPAS DA CASCA DE FRUTAS CÍTRICAS, USE O LADO DO RALADOR QUE TEM OS MENORES FUROS, ASSIM FICA MAIS FÁCIL RALAR APENAS A CASCA E DEIXAR INTACTA A MEMBRANA BRANCA E AMARGA. UMA BOA DICA É COBRIR O RALADOR COM PAPEL-MANTEIGA OU FILME DE PVC, DE MANEIRA QUE OS FURINHOS ULTRAPASSEM O PAPEL OU O PLÁSTICO. DEPOIS DE RALAR A CASCA DA FRUTA, RETIRE A COBERTURA COM CUIDADO E UTILIZE AS RASPAS.

**CASCA ENCERADA** *A CASCA DA MAIORIA DAS FRUTAS CÍTRICAS RECEBE UMA CAMADA DE CERA PARA PARECER MAIS BONITA E TAMBÉM PARA AUMENTAR A VALIDADE DO PRODUTO. ANTES DE FAZER AS RASPAS, LAVE A CASCA DA FRUTA E ESFREGUE BEM PARA RETIRAR TODA A CERA. SE PREFERIR, COMPRE FRUTAS ORGÂNICAS, CUJA CASCA É LIMPA.*

## Está na ÉPOCA?

Laranjas e limões estão à venda o ano todo, mas preste atenção na época certa para comprar as frutas quando elas estão mais baratas e suculentas. A safra de laranja-lima vai de maio a novembro e atinge o auge entre os meses de julho e outubro; já os limões ficam melhores entre dezembro e abril. As tangerinas (mexericas) aparecem de maio a outubro, mas de junho a setembro é sua melhor fase.

## DICA *esperta*

Se a receita pede apenas o suco da laranja ou do limão, não descarte o resto da fruta. Faça raspas da casca e coloque nas cavidades de uma forminha de gelo. Mantenha no congelador e use sempre que precisar.

Bolo de laranja-sanguínea com sorvete de mascarpone
[RECEITA NAS PÁGINAS 70 E 71]

# Bolo de laranja-sanguínea COM SORVETE DE MASCARPONE

TEMPO DE PREPARO + COZIMENTO **2 HORAS 10 MINUTOS (+RESFRIAMENTO E CONGELAMENTO)** RENDE **8 PORÇÕES**

*Comece esta receita no dia anterior.*

**$1^{1}/_{4}$ xícara (185 g) de farinha de trigo com adição de fermento**
**$^{1}/_{2}$ colher (chá) de bicarbonato de sódio**
**1 xícara (120 g) de farinha de amêndoa**
**$1^{1}/_{4}$ xícara (275 g) de açúcar**
**$^{1}/_{2}$ xícara (125 ml) de azeite de oliva extra virgem**
**1 colher (sopa) de raspas da casca de laranja-sanguínea**
**$^{1}/_{2}$ xícara (125 ml) de suco de laranja-sanguínea fresco coado**
**3 ovos ligeiramente batidos**

LARANJA GLAÇADA
**$1^{1}/_{2}$ xícara (375 ml) de água**
**$^{1}/_{2}$ xícara (125 ml) de suco de laranja-sanguínea fresco coado**
**1 xícara (220 g) de açúcar**
**3 laranjas-sanguíneas médias (480 g) cortadas em rodelas de 5 mm de espessura**

SORVETE DE MASCARPONE
**1 xícara (250 ml) de suco de laranja-sanguínea fresco coado**
**300 ml de creme de leite fresco**
**$1^{1}/_{2}$ xícara (240 g) de açúcar de confeiteiro**
**250 g de queijo mascarpone**

**1** Prepare a laranja glaçada.
**2** Prepare o sorvete de mascarpone.
**3** Preaqueça o forno a 180 °C. Unte 8 fôrmas de fundo removível com 8 cm de diâmetro e forre o fundo e as laterais com papel-manteiga.
**4** Peneire a farinha de trigo e o bicarbonato em uma tigela grande. Junte a farinha de amêndoa e o açúcar e misture. Adicione o azeite, as raspas de casca, o suco e os ovos, misturando bem a cada adição até obter uma massa homogênea. Divida a massa entre as fôrmas preparadas.
**5** Asse os bolos por 30 minutos ou até que um palito inserido no centro saia limpo. Deixe esfriarem na fôrma por 5 minutos antes de desenformar sobre os pratos de servir.
**6** Pincele os bolos ainda quentes com o xarope reservado da laranja glaçada e arrume as rodelas de laranja por cima. Sirva morno ou frio, acompanhado de uma bola de sorvete de mascarpone.

**LARANJA GLAÇADA** Coloque a água, o suco de laranja e metade do açúcar em uma frigideira grande e leve ao fogo médio, misturando até dissolver o açúcar. Acrescente as rodelas de laranja e cozinhe, sem tampar, por 20 minutos ou até a casca ficar macia. Junte o restante do açúcar e mexa delicadamente até dissolver. Cozinhe, sem tampar, por mais 10 minutos ou até a laranja ficar caramelizada e a calda engrossar um pouco. Com uma colher, transfira as rodelas de laranja para uma grelha colocada sobre uma assadeira e disponha-as em uma única camada. Reserve 1 xícara (250 ml) do xarope. Deixe esfriar. Separe 100 g de laranja glaçada e pique bem para usar no sorvete.

**SORVETE DE MASCARPONE** Coloque o suco em uma caçarola pequena e leve ao fogo alto até ferver. Aqueça por 12 minutos ou até reduzir para 1/4 de xícara (60 ml). Deixe esfriar um pouco e leve à geladeira para resfriar por completo. Coloque o creme de leite, o açúcar de confeiteiro e a redução de suco em uma tigela e bata até obter picos moles. Junte o mascarpone e a laranja glaçada reservada e misture. Transfira a massa do sorvete para um recipiente de metal com capacidade para 1 litro. Alise bem a superfície e cubra com filme de PVC. Leve ao congelador por, no mínimo, 6 horas ou deixe de um dia para o outro.

**DICA** De origem italiana, a laranja-sanguínea também é cultivada nos Estados Unidos. Na hora de comprar, escolha as frutas com casca de coloração mais viva, o que em geral indica que a cor da polpa também será mais bonita. Se não encontrar essa variedade, use 15 laranjas comuns. A quantidade de laranjas-sanguíneas usada nesta receita para as rodelas e o suco varia entre 15 e 18 unidades.
**VARIAÇÃO** Para fazer um bolo de laranja-sanguínea com avelãs, use avelãs trituradas em vez de farinha de amêndoa no passo 4. Sirva o bolo acompanhado de mascarpone com laranja em lugar do sorvete: misture 250 g de queijo mascarpone e 1 xícara (250 ml) de creme de leite fresco e bata até obter picos moles. Pique 100 g de laranja glaçada em pedaços bem pequenos e misture ao mascarpone.
**FAÇA ANTES** A laranja glaçada e o sorvete podem ser preparados com até três dias de antecedência. O bolo fica mais gostoso se assado no dia.

**[FOTOS NAS PÁGINAS 68 E 69]**

# Bolo de laranja-sanguínea COM SORVETE DE MASCARPONE

[RECEITA NAS PÁGINAS 70 E 71]

PARA CORTAR AS LARANJAS-SANGUÍNEAS

Use a faca mais afiada que você tiver para cortar as rodelas de laranja. Para que todas fiquem do mesmo tamanho, faça marcas na casca antes de fatiar. As rodelas devem ser cozidas primeiro com apenas metade do açúcar de forma a amaciar a casca antes de glaçá-la.

PARA ESCORRER A LARANJA GLAÇADA

Quando o xarope ficar viscoso e pegajoso e as rodelas estiverem cobertas por uma calda brilhante, a laranja estará pronta. Use uma colher ou uma escumadeira para retirar as rodelas do xarope e disponha-as em uma grade colocada sobre uma assadeira. Deixe esfriar e secar. Esta técnica pode ser usada com laranjas comuns e também com limões.

PARA PREPARAR O SORVETE DE MASCARPONE

Este sorvete não precisa ser misturado em uma sorveteira. A receita foi pensada para que a combinação de gordura e açúcar dos ingredientes mais o ar incorporado na hora de bater o creme de leite fossem suficientes para dar ao sorvete uma textura cremosa. Use uma colher de metal grande e faça movimentos circulares de cima para baixo na hora de misturar os ingredientes.

PARA FAZER A MASSA DOS BOLOS

Preparar a massa destes bolos é muito simples, pois basta misturar os ingredientes. Para juntar os ingredientes secos à farinha de amêndoa, você pode peneirá-los, embora esse processo possa se tornar um pouco entediante. Um truque é usar um fouet (batedor de arame), assim você mistura os ingredientes ao mesmo tempo em que desfaz quaisquer grumos que possam se formar.

PARA PINCELAR O BOLO COM A CALDA

Pincele os bolos ainda quentes com o xarope obtido depois de glaçar a laranja. Se não for servir os bolos imediatamente, você terá de reaquecer o xarope antes de servir e pincelar os bolos depois de frios.

PARA SERVIR

Pouco antes de levar à mesa, disponha as rodelas de laranja glaçada sobre os bolos e sirva acompanhado do sorvete.

Merengue macio com abacaxi e xarope de limão kaffir
[RECEITA NAS PÁGINAS 76 E 77]

# Merengue macio com
# ABACAXI E XAROPE DE LIMÃO KAFFIR

TEMPO DE PREPARO + COZIMENTO **1 HORA (+RESFRIAMENTO)** RENDE **6 PORÇÕES**

7 claras
3/4 de xícara (375 g) de açúcar
2 colheres (chá) de amido de milho
2 colheres (chá) de vinagre branco
1 abacaxi maduro pequeno (800 g) sem casca picado
2 limões (230 g) cortados em gomos (ver TÉCNICAS)
2 colheres (sopa) de folhas de hortelã frescas pequenas

RECHEIO
250 g de queijo mascarpone
1/2 xícara (125 ml) de creme de leite fresco
1 colher (chá) de casca de limão finamente ralada
2 colheres (chá) de suco de limão
1 colher (sopa) de açúcar de confeiteiro
1 colher (sopa) de hortelã fresca finamente picada

XAROPE DE LIMÃO KAFFIR
1/2 xícara (110 g) de açúcar
1/2 xícara (125 ml) de água
1 talo de capim-limão fresco sem as pontas e tostado
6 folhas pequenas de limão kaffir

**1** Prepare o recheio.
**2** Prepare o xarope de limão kaffir. .
**3** Preaqueça o forno a 160 °C. Unte uma assadeira retangular de 24 cm x 30 cm x 3 cm e forre a base e as laterais com papel-manteiga.
**4** Coloque as claras em uma tigela metálica grande e bata com uma batedeira portátil até obter picos moles. Adicione o açúcar aos poucos, uma colherada por vez, batendo bem após cada adição até a mistura encorpar e ficar brilhante e todo o açúcar ter se dissolvido (cerca de 8 minutos). Misture o amido de milho e o vinagre fazendo movimentos circulares de baixo para cima. Espalhe o merengue na assadeira preparada. Alise bem a superfície e depois faça sulcos sobre metade do merengue no sentido do comprimento.
**5** Asse o merengue por 20 minutos, girando a assadeira na metade do tempo ou até o merengue estar firme. Deixe esfriar na assadeira por 2 minutos antes de desenformar sobre uma assadeira grande forrada com papel-manteiga e polvilhada com um pouco de açúcar de confeiteiro. Com cuidado, remova o papel sobre o qual o merengue foi assado. Forre uma segunda assadeira com papel-manteiga e polvilhe mais um pouco de açúcar de confeiteiro. Em seguida, vire o merengue sobre esta segunda assadeira preparada e deixe esfriar.
**6** Corte o merengue ao meio no sentido da largura. Com muito cuidado, porque o merengue é macio e muito frágil, disponha metade sobre o prato de servir. Espalhe o recheio por cima, cubra com metade do abacaxi e regue com um pouco do xarope de limão. Usando uma espátula grande ou uma chapa de metal, coloque a outra metade do merengue por cima com cuidado.

7 Coloque o restante do abacaxi em uma tigelinha e misture com os gomos de limão, a hortelã e um pouco mais de xarope. Espalhe essa mistura sobre o merengue e regue com o restante do xarope.

**RECHEIO** Coloque o mascarpone, o creme de leite, as raspas de casca do limão, o suco e o açúcar de confeiteiro em uma tigela pequena e bata com uma batedeira portátil até formar picos moles. Junte a hortelã, misturando de baixo para cima em movimentos circulares. Cubra e mantenha na geladeira até a hora de usar.

**XAROPE DE LIMÃO KAFFIR** Coloque o açúcar, a água, o capim-limão e as folhas de limão em uma caçarola pequena e leve ao fogo médio até ferver, mexendo até dissolver o açúcar. Cozinhe por 1 minuto e desligue o fogo.

**DICAS** Se sobrarem folhas de limão, coloque-as dentro de um saco plástico com fecho hermético e congele até a próxima receita. Use três ou quatro folhinhas em um curry, amassando-as de leve para intensificar o sabor; acrescente algumas folhas picadas à salada de frutas ou a uma jarra de água gelada para aromatizá-la. O abacaxi pode ser substituído por manga.
**TÉCNICAS** Passo 7: ver ***"como separar os gomos de frutas cítricas"***, página 276.
**FAÇA ANTES** O merengue fica mais gostoso se preparado no dia.

[FOTOS NAS PÁGINAS 74 E 75]

# Bolo de manga e coco COM CREME DE LIMÃO

TEMPO DE PREPARO + COZIMENTO **1 HORA 15 MINUTOS (+REFRIGERAÇÃO)** RENDE **8 PORÇÕES**

*Comece esta receita no dia anterior.*

**125 g de manteiga**
**$^3/_4$ de xícara (165 g) de açúcar**
**2 colheres (chá) de raspas da casca do limão**
**2 ovos**
**90 g de chocolate branco derretido**
**1 xícara (150 g) de farinha de trigo com adição de fermento**
**$^1/_2$ xícara (70 g) de macadâmias tostadas e finamente picadas**
**$^1/_2$ xícara (40 g) de coco ralado**
**$^3/_4$ de xícara (180 ml) de leitelho (buttermilk, ver DICA)**
**300 ml de creme de leite fresco**
**1 colher (sopa) de açúcar de confeiteiro**
**1 manga madura grande (600 g) cortada em fatias finas**

CREME DE LIMÃO
**3 ovos**
**$^3/_4$ de xícara (165 g) de açúcar**
**$^1/_3$ de xícara (80 ml) de suco de limão**
**150 g de manteiga amolecida picada**
**2 colheres (chá) de raspas de casca de limão**

**1** Prepare o creme de limão.
**2** Preaqueça o forno a 180 °C. Unte uma fôrma redonda de 20 cm de diâmetro e forre a base e as laterais com papel-manteiga.
**3** Coloque a manteiga, o açúcar e as raspas da casca do limão em uma tigela média e bata com uma batedeira portátil até obter um creme pálido e fofo. Adicione os ovos, um a um, batendo bem após cada adição. Misture à mão o chocolate, depois a farinha, a macadâmia, o coco e o leitelho. Transfira a massa para a assadeira preparada e alise bem a superfície.
**4** Asse o bolo por 50 minutos ou até que um palito inserido no centro saia limpo. Deixe amornar na fôrma por 5 minutos antes de desenformar com o topo para cima sobre uma grelha para esfriar.
**5** Coloque o creme de leite e o açúcar de confeiteiro em uma tigela pequena e bata com uma batedeira portátil até formar picos moles e obter o chantili.
**6** Nivele a superfície do bolo, se necessário, e divida-o em duas camadas (ver TÉCNICAS). Coloque a camada inferior sobre um prato e espalhe metade do creme de limão e metade do chantili. Cubra com a camada superior e finalize com o restante do creme de limão e do chantili. Decore com as fatias de manga.

**CREME DE LIMÃO** Coloque os ovos, o açúcar e o suco de limão em uma caçarola pequena e leve ao fogo baixo, misturando sempre com um batedor de arame por 3 minutos ou até engrossar e ficar cremoso. Acrescente a manteiga, um pedaço de cada vez, misturando sempre até incorporar e ficar macio. Não deixe ferver. Cubra com filme de PVC, encostando o plástico na superfície para não formar uma película. Leve à geladeira por no mínimo 6 horas ou deixe de um dia para o outro. Depois, misture as raspas da casca do limão.

**DICA** Se não encontrar leitelho pronto, prepare uma versão caseira misturando $^1/_3$ de iogurte natural desnatado e $^2/_3$ de leite desnatado.
**TÉCNICAS** Passo 2: ver *"como forrar uma fôrma redonda"*, página 276. Passo 3: ver *"como derreter chocolate"*, página 277. Passo 6: ver *"como nivelar um bolo"*, página 277 e *"como dividir um bolo em camadas iguais"*, página 277.
**FAÇA ANTES** O bolo, o creme, o xarope e as raspas da casca do limão podem ser preparados com um dia de antecedência. Guarde o bolo dentro de um recipiente hermético em temperatura ambiente e mantenha o creme, o xarope e as raspas na geladeira, em recipientes separados. Monte o bolo quase na hora de servir.

# Pão de ló de laranja
## COM KINKAN CARAMELIZADA

TEMPO DE PREPARO + COZIMENTO **2 HORAS (+RESFRIAMENTO)** RENDE **6 PORÇÕES**

*O pão de ló é bastante popular no mundo todo, preparado com farinha, açúcar e ovos, com adição ou não de fermento, podendo ser aromatizado com baunilha, limão ou, neste caso, laranja. Pode ser utilizado como base para inúmeros bolos.*

1 fava de baunilha
170 g de manteiga sem sal amolecida
3/4 de xícara (165 g) de açúcar
1 colher (sopa) de raspas da casca da laranja
3 ovos
1 colher (sopa) de suco de laranja
1 xícara (150 g) de farinha de trigo
1 colher (chá) de fermento químico em pó
1 1/4 xícara (300 g) de ricota macia fresca
1/2 xícara (80 g) de açúcar de confeiteiro
2/3 de xícara (160 ml) de creme de leite fresco

KINKAN CARAMELIZADA
2 xícaras (325 g) de laranjinha kinkan cortada ao meio sem sementes
1 xícara (220 g) de açúcar
3/4 de xícara (180 ml) de água

1 Prepare a kinkan caramelizada.
2 Preaqueça o forno a 170 °C. Unte duas fôrmas redondas de 20 cm de diâmetro e forre a base e as laterais com papel-manteiga.
3 Corte a fava de baunilha ao meio, raspe as sementes (ver TÉCNICAS) e coloque em uma tigela média; guarde a fava para usar em outras receitas. Junte a manteiga, o açúcar e as raspas da casca e bata com uma batedeira portátil por 5 minutos até obter um creme pálido e fofo. Adicione os ovos, um a um, batendo bem a cada adição e passando uma espátula na parte de dentro da tigela para misturar bem. Acrescente o suco, a farinha e o fermento peneirados e bata em velocidade baixa apenas o suficiente para incorporar. Divida a massa igualmente entre as fôrmas preparadas.
4 Asse os bolos por 40 minutos ou até que um palito inserido no centro saia limpo. Deixe os bolos descansarem na fôrma por 10 minutos antes de desenformar sobre uma grelha para esfriar completamente.
5 No processador, bata a ricota e o açúcar de confeiteiro até obter um creme liso e transfira para uma tigela média. Em outra tigela, bata o creme de leite com uma batedeira portátil até formar picos moles e junte à tigela com a ricota. Misture à mão até incorporar.
6 Nivele a superfície dos bolos (ver TÉCNICAS) e pincele ambos com 1/3 do xarope de kinkan. Disponha um dos bolos sobre um suporte e espalhe metade do creme de ricota. Cubra com o segundo bolo e finalize com o restante do creme de ricota. Decore com a kinkan caramelizada e sirva acompanhado do restante do xarope.

KINKAN CARAMELIZADA Encha uma panela pequena com água e leve para ferver. Junte a laranjinha kinkan e cozinhe por 1 minuto. Escorra e repita o processo mais uma vez; isso ajuda a amaciar a casca e diminuir o amargor. Coloque o açúcar e a água em uma caçarola pequena e leve ao fogo baixo, mexendo até dissolver o açúcar. Aumente para fogo alto e espere ferver. Reduza o fogo de novo, acrescente a laranjinha kinkan e cozinhe por 30 minutos ou até a kinkan ficar macia e translúcida. Desligue o fogo e deixe esfriar no próprio xarope.

**TÉCNICAS** Passo 2: ver ***"como forrar uma fôrma redonda"***, página 276. Passo 3: ver ***"como utilizar favas de baunilha"***, página 276. Passo 6: ver ***"como nivelar um bolo"***, página 277.
**FAÇA ANTES** Tanto o bolo quanto a kinkan caramelizada podem ser preparados com um dia de antecedência. Guarde o bolo dentro de um recipiente hermético em temperatura ambiente e mantenha a kinkan na geladeira.

FABULOSOS

# Caramelo & NOZES

CARAMEL
24-oz. NETT
Coloring Spirits
& THOMSON
Street, Sydney.

# Caramelos MACIOS E Nozes amanteigadas trazem doçura e uma textura MACIA E TENRA

# Bolo de piña colada
## COM COBERTURA DE CARAMELO

TEMPO DE PREPARO + COZIMENTO **1 HORA 30 MINUTOS (+DESCANSO)** RENDE **12 PORÇÕES**

*O sabor deste bolo fofinho de abacaxi e coco vai levar você direto para os anos 1970, época em que a piña colada era o drinque do momento – mesmo que o bolo não leve álcool nenhum.*

**200 g de manteiga com sal amolecida**
**$^3/_4$ de xícara (165 g) de açúcar**
**2 colheres (sopa) de licor de coco**
**3 ovos**
**440 g de abacaxi em calda escorrido e picado**
**$^2/_3$ de xícara (160 ml) de leite de coco**
**$1^1/_2$ xícara (105 g) de coco queimado em flocos**
**$1^1/_4$ xícara (185 g) de farinha de trigo com adição de fermento**
**1 colher (chá) de fermento químico em pó**

COBERTURA DE CARAMELO
**$1^1/_2$ xícara (375 ml) de creme de leite fresco**
**$^3/_4$ de xícara (165 g) de açúcar mascavo (ver DICAS)**
**$1^1/_2$ colher (sopa) de xarope de milho**
**$^1/_2$ colher (chá) de flor de sal**
**$1^1/_2$ colher (chá) de extrato de baunilha**

**1** Preaqueça o forno a 170 °C. Unte uma fôrma quadrada de 20 cm e bordas altas e forre a base e as laterais com papel-manteiga.
**2** Coloque a manteiga, o açúcar e o licor em uma tigela grande e bata com uma batedeira portátil até obter um creme pálido e fofo. Adicione os ovos, um a um, batendo bem a cada adição. Misture à mão o abacaxi, o leite de coco, o coco ralado e a farinha e o fermento peneirados até incorporar bem. Transfira a massa para a fôrma preparada.
**3** Asse o bolo por 50 minutos ou até que um palito inserido no centro saia limpo. Deixe amornar na fôrma por 15 minutos antes de desenformar com o topo para cima sobre uma grelha para esfriar.
**4** Prepare a cobertura de caramelo.
**5** Com o bolo em uma grade colocada sobre uma assadeira grande, despeje dois terços da cobertura por cima. Deixe descansar por 30 minutos, até que a cobertura esfrie e fique firme. Sirva o bolo acompanhado do restante da cobertura.

COBERTURA DE CARAMELO Coloque o creme de leite, o açúcar, o xarope e a flor de sal em uma caçarola pequena e leve ao fogo baixo, mexendo sempre até dissolver o açúcar. Ferva por 20 minutos ou até formar um caramelo espesso e dourado. Retire do fogo e acrescente a baunilha. Deixe esfriar por 20 minutos ou até encorpar.

DICAS Se, até a hora de servir o bolo, o restante da cobertura de caramelo ficar muito espesso, reaqueça em fogo baixo, acrescentando 1 ou 2 colheres (sopa) de creme de leite ou de água para diluir. Aperte bem o açúcar mascavo na xícara medidora para obter a quantidade certa pedida na receita.
**TÉCNICAS** Passo 1: ver ***"como forrar uma fôrma quadrada"***, página 276. Passo 4: ver ***"como preparar caramelo e praliné"***, página 277.
**FAÇA ANTES** O bolo pode ser preparado com um dia de antecedência e guardado dentro de um recipiente hermético em temperatura ambiente. A cobertura de caramelo fca mais gostosa se feita quase na hora de servir.

Bolo Chajá
[RECEITA NAS PÁGINAS 90 E 91]

# Bolo Chajá

TEMPO DE PREPARO + COZIMENTO **1 HORA 45 MINUTOS (+REFRIGERAÇÃO E RESFRIAMENTO)** RENDE **8 PORÇÕES**

*A torta Chajá foi criada pelo dono de um restaurante caseiro no Uruguai. Ele decidiu dar à sua sobremesa o nome de um pássaro nativo da região, cuja plumagem branca abundante se assemelha ao merengue. Para ganhar tempo, cozinhe o leite condensado na véspera.*

**1 lata (395 g) de leite condensado**
**óleo para pincelar**
**6 ovos, claras e gemas separadas**
**1/2 xícara (110 g) de açúcar**
**1 colher (chá) de extrato de baunilha**
**2 colheres (chá) de água morna**
**1/2 xícara (75 g) de farinha especial para bolo (ver GLOSSÁRIO)**
**1/4 de xícara (35 g) de amido de milho**
**1/4 de colher (chá) de cremor de tártaro**
**1 1/4 xícara (300 ml) de creme de leite fresco**
**1 colher (sopa) de açúcar de confeiteiro**
**120 g de suspiros grosseiramente esmigalhados**
**4 kiwis (320 g) sem casca cortados em quartos**

XAROPE DE RUM
**1/2 xícara (110 g) de açúcar**
**1/2 xícara (125 ml) de água**
**1 1/2 colher (sopa) de rum escuro**

**1** Preaqueça o forno a 220 °C.
**2** Coloque a lata de leite condensado sem o rótulo de papel dentro da panela de pressão e cubra com água. Leve ao fogo alto até a panela começar a chiar e então reduza para fogo baixo. Cozinhe por 35 minutos e desligue o fogo. Deixe a pressão sair naturalmente antes de abrir a panela. Espere a lata esfriar completamente antes de abri-la e transferir o doce de leite para uma tigela.
**3** Reduza a temperatura do forno para 160 °C. Usando o fundo de uma assadeira redonda de 20 cm de diâmetro como molde, corte dois discos de papel-manteiga e pincele-os de um lado só com óleo. Forre duas assadeiras com esses discos de papel com o lado untado para baixo. Não é preciso untar as laterais da assadeira.
**4** Coloque as gemas e 1/3 de xícara (75 g) do açúcar em uma tigela grande e bata com uma batedeira portátil em velocidade média por 5 minutos ou até obter um creme espesso e pálido. Junte a baunilha e a água e bata mais um pouco, o suficiente para incorporar tudo. Peneire a farinha e o amido de milho por cima, mas não misture ainda.

[FOTOS NAS PÁGINAS 88 E 89]

**5** Coloque as claras em uma tigela metálica grande e bata com uma batedeira portátil até ficar espumoso. Adicione o cremor de tártaro e bata até formar picos moles. Aos poucos, acrescente o restante do açúcar, batendo sempre, até formar picos firmes.
**6** Com um batedor de arame grande ou uma colher de metal, misture delicadamente um terço das claras em neve à mistura de gemas, fazendo movimentos suaves. Junte o restante das claras e misture apenas o suficiente para incorporar tudo. Divida a massa entre as duas assadeiras preparadas e alise bem a superfície.
**7** Asse os bolos por 30 minutos ou até que um palito inserido no centro saia limpo; gire as assadeiras na metade do tempo e troque-as de grade dentro do forno para garantir que os bolos assem por igual. Com cuidado, passe uma faca sem ponta pela lateral das assadeiras para soltar a borda dos bolos. Desenforme, com o topo para baixo, sobre grelhas cobertas por papel-manteiga levemente untado. Deixe esfriar.
**8** Enquanto isso, prepare o xarope de rum.
**9** Nivele o topo dos bolos e divida-os em duas camadas (ver TÉCNICAS). Coloque uma das camadas sobre um prato de servir e pincele generosamente o xarope de rum. Mergulhe uma espátula de metal em água quente, seque e use-a para espalhar um terço do doce de leite sobre a camada de bolo. Repita esse procedimento mais duas vezes para usar o restante das camadas de bolo, do xarope e do doce de leite, terminando com uma camada de bolo.
**10** Coloque o creme de leite e o açúcar de confeiteiro peneirado em uma tigela pequena e bata com uma batedeira portátil até formar picos moles. Espalhe uma camada grossa desse chantili sobre o topo e as laterais do bolo. Decore todo o bolo pressionando levemente os suspiros esmigalhados sobre o chantili. Finalize com os pedaços de kiwi. Sirva imediatamente ou leve à geladeira, sem cobrir, por até 4 horas.

**XAROPE DE RUM** Coloque o açúcar e a água em uma caçarola de fundo grosso pequena e leve ao fogo baixo. Cozinhe sem mexer até dissolver o açúcar e retire do fogo. Misture o rum.

**DICA** Para obter bolos iguais, pese a massa e coloque exatamente metade em cada assadeira.
**TÉCNICAS** Passo 2: para outra maneira de cozinhar o leite condensado, ver ***"como preparar doce de leite"***, página 276. Passo 9: ver ***"como nivelar um bolo"***, página 277, e "***como dividir um bolo em camadas iguais***", página 277.
**FAÇA ANTES** O bolo pode ser montado sem o chantili, o suspiro e a fruta com até dois dias de antecedência.

# *Bolo de uva,* PIGNOLI E MARZIPÃ

TEMPO DE PREPARO + COZIMENTO **1 HORA 15 MINUTOS (+DESCANSO)** RENDE **12 PORÇÕES**

1 $^1/_2$ xícara (225 g) de farinha de trigo com adição de fermento
$^1/_3$ de xícara (50 g) de farinha de trigo comum
1 xícara (120 g) de farinha de amêndoa
$^3/_4$ de xícara (165 g) de açúcar
$^1/_2$ xícara (125 ml) de xerez ou vinho do Porto
4 ovos levemente batidos
185 g de manteiga derretida
1 colher (sopa) de raspas da casca do limão
1 xícara (175 g) de uva vermelha pequena sem sementes
2 colheres (sopa) de pignoli
125 g de marzipã finamente picado
2 colheres (chá) de açúcar de confeiteiro

MASCARPONE AROMATIZADO
250 g de queijo mascarpone
2 colheres (chá) de açúcar de confeiteiro
2 colheres (sopa) de xerez ou vinho do Porto

1 Preaqueça o forno a 160 °C. Unte uma fôrma de fundo removível com 24 cm de diâmetro e bordas altas e forre a base e as laterais com papel-manteiga.
2 Peneire os dois tipos de farinha de trigo em uma tigela grande. Adicione a farinha de amêndoa, o açúcar, o xerez, os ovos, a manteiga e as raspas da casca do limão e misture. Transfira para a fôrma preparada e alise bem a superfície. Espalhe por cima a uva, os pignoli e o marzipã.
3 Asse o bolo por 45 minutos ou até que um palito inserido no centro saia limpo. Deixe descansar na fôrma por 15 minutos antes de desenformar e transferir com o topo para cima sobre uma grelha para amornar.
4 Enquanto isso, prepare o mascarpone aromatizado.
5 Polvilhe o bolo com açúcar de confeiteiro peneirado e sirva acompanhado do mascarpone.

MASCARPONE AROMATIZADO Coloque todos os ingredientes em uma tigela pequena e misture com uma colher de madeira.

DICA A receita original usa xerez feito com uvas da casta Pedro Ximénez (PX), uma bebida escura e licorosa com sabor bastante complexo. Mas qualquer vinho fortificado, como vinho do Porto, por exemplo, combina bem.
TÉCNICAS Passo 1: ver *"como forrar uma fôrma redonda"*, página 276.
FAÇA ANTES Este bolo fica mais gostoso se preparado no dia.

# Bolo de pistache
## E AMÊNDOAS COM CAQUI POCHÊ

TEMPO DE PREPARO + COZIMENTO **1 HORA 30 MINUTOS (+RESFRIAMENTO)** RENDE **12 PORÇÕES**

2 xícaras (320 g) de amêndoas cruas sem pele
2 xícaras (280 g) de pistaches sem casca
2 1/2 xícaras (400 g) de açúcar de confeiteiro
3/4 de colher (chá) de cardamomo em pó
2 colheres (chá) de raspas da casca do limão-siciliano
2 ovos
5 claras
corante alimentício na cor verde
1/2 xícara (40 g) de amêndoas laminadas
300 ml de creme de leite fresco
1/2 xícara (140 g) de iogurte grego
2 colheres (chá) de açúcar de confeiteiro, extra

CAQUI POCHÊ
1 fava de baunilha
1 1/2 xícara (330 g) de açúcar
1 1/2 xícara (375 ml) de água
casca de 1 limão-siciliano médio (140 g) sem a membrana branca
4 caquis (900 g) fatiados

1 Preaqueça o forno a 160 °C. Unte uma fôrma redonda de bordas altas e 22 cm de diâmetro. Forre a base com papel-manteiga e as laterais com três camadas de papel-manteiga.
2 Coloque as amêndoas, os pistaches, o açúcar de confeiteiro e o cardamomo no processador e bata até obter uma farofa fina. Transfira para uma tigela grande. Adicione a casca de limão, os ovos e as claras e misture. Pingue o corante alimentício, uma gota por vez, misturando até obter a coloração desejada. Transfira para a fôrma preparada e alise a superfície. Espalhe a amêndoa laminada por cima.
3 Asse o bolo por 1h15. Como este bolo não leva farinha, o teste do palito para checar se já está assado não funciona bem; então, observe quando o bolo ficar ligeiramente abaulado, sinta o aroma e perceba se a superfície está dourada. Desligue o forno deixe amornar na fôrma.
4 Enquanto isso, prepare o caqui pochê.
5 Coloque o creme de leite e o iogurte em uma tigela grande e bata com uma batedeira portátil até obter picos moles.
6 Disponha o bolo em um prato de servir ou em um suporte e polvilhe o açúcar de confeiteiro extra. Sirva com o caqui pochê e o creme de iogurte.

**CAQUI POCHÊ** Divida a fava de baunilha ao meio no sentido do comprimento. Raspe as sementes (ver TÉCNICAS) e coloque-as em uma panela grande. Junte a fava, o açúcar, a água e a casca de limão. Leve ao fogo baixo até dissolver o açúcar. Aumente o fogo e espere ferver. Reduza para fogo baixo novamente e acrescente o caqui. Cubra com um disco de papel-manteiga e cozinhe por 8 minutos ou até ficar macio. Deixe esfriar na calda.

**DICA** Cubra o caqui com papel-manteiga durante o cozimento para que a fruta fique totalmente submersa na calda.
**TÉCNICAS** Passo 1: ver ***"como forrar uma fôrma redonda"***, página 276. Passo 4: ver ***"como utilizar favas de baunilha"***, página 276.
**FAÇA ANTES** Tanto o bolo quanto o caqui podem ser preparados com um dia de antecedência. Guarde o bolo dentro de um recipiente hermético em temperatura ambiente e deixe o caqui em um recipiente hermético dentro da geladeira.

# Bolo de banana, AVELÃS E CAFÉ COM COBERTURA de caramelo com flor de sal

TEMPO DE PREPARO + COZIMENTO **3 HORAS (+REFRIGERAÇÃO)** RENDE **12 PORÇÕES**

**1 lata (395 g) de leite condensado**
**300 g de manteiga amolecida picada**
**$^3/_4$ de xícara (165 g) de açúcar mascavo (ver DICAS)**
**2 ovos**
**1 $^1/_2$ xícara (225 g) de farinha de trigo com adição de fermento**
**$^1/_2$ colher (chá) de bicarbonato de sódio**
**1 colher (chá) de canela em pó**
**1 $^1/_2$ xícara (360 g) de banana madura amassada**
**$^1/_2$ xícara (120 g) de creme azedo (sour cream, ver GLOSSÁRIO)**
**1 xícara (100 g) de nozes tostadas e picadas**
**3 colheres (chá) de café solúvel granulado**
**$^1/_4$ de xícara (60 ml) de água fervente**
**1 colher (chá) de flor de sal**

**1** Preaqueça o forno a 220 °C. Unte uma fôrma redonda com 20 cm de diâmetro e bordas altas e forre a base com papel-manteiga.
**2** Despeje o leite condensado em um refratário de porcelana com capacidade para 2 litros. Cubra com papel-alumínio, dobrando as bordas para cima de forma que não encoste na água do banho-maria. Acomode o refratário em uma assadeira maior e coloque o conjunto no forno. Despeje água fervente na assadeira até atingir a metade da altura do refratário. Asse por 1 hora e então misture com uma espátula. Cubra novamente e leve de volta ao forno por mais 30 minutos ou até ficar dourado. Se necessário, complete com mais água fervente para manter o nível do banho-maria durante todo o cozimento (ver TÉCNICAS). Retire o refratário da água. Aos poucos, adicione 170 g da manteiga, um pedaço por vez, misturando bem a cada adição, até a manteiga derreter e formar um caramelo liso. Cubra e leve à geladeira por 1 hora, mexendo de vez em quando, até esfriar e firmar.
**3** Reduza a temperatura do forno para 180 °C.
**4** Coloque o restante da manteiga e o açúcar em uma tigela pequena e bata com uma batedeira portátil até obter um creme pálido e fofo. Adicione os ovos, um a um, batendo a cada adição. Transfira para uma tigela maior e acrescente os ingredientes secos peneirados mais a banana amassada, o creme azedo, as nozes e o café dissolvido na água fervente. Transfira a massa para a assadeira preparada.
**5** Asse o bolo por 1 hora ou até que um palito inserido no centro saia limpo. Deixe descansar na fôrma por 5 minutos antes de desenformar com o topo para cima sobre uma grelha para esfriar.
**6** Coloque o caramelo reservado em uma tigela pequena e bata com uma batedeira portátil por 1 minuto ou até ficar mais claro e fofo. Espalhe essa mistura sobre o bolo já frio. Um pouco antes de servir, polvilhe a flor de sal.

**DICAS** Você vai precisar de cerca de 4 bananas maduras médias para se obter a quantidade de fruta necessária para esta receita. Aperte bem o açúcar mascavo na xícara medidora para obter a quantidade certa pedida na receita.
**TÉCNICAS** Passo 1: ver ***"como forrar uma fôrma redonda"***, página 276. Passo 2: ver também ***"como preparar doce de leite"***, página 276.
**FAÇA ANTES** O bolo pode ser preparado com um dia de antecedência e guardado dentro de um recipiente hermético em local fresco a temperatura ambiente.

Rosca de maçã, pecãs e especiarias
[RECEITA NAS PÁGINAS 100 E 101]

# Rosca de maçã, PECÃS E ESPECIARIAS

TEMPO DE PREPARO + COZIMENTO **1 HORA (+REFRIGERAÇÃO)** RENDE **8 PORÇÕES**

4 maçãs verdes médias (600 g)
$\frac{1}{4}$ de xícara (55 g) de açúcar, mais 2 colheres (sopa)
1 colher (sopa) de açúcar mascavo (ver DICAS)
1 colher (chá) de canela em pó
$\frac{1}{4}$ de colher (chá) de cravo em pó
1 colher (sopa) de água
3 xícaras (450 g) de farinha de trigo com adição de fermento
40 g de manteiga gelada em cubos
$1\frac{1}{3}$ xícara (330 ml) de leitelho (buttermilk, ver DICAS)
$\frac{1}{2}$ xícara (60 g) de noz-pecã tostada e grosseiramente picada
1 colher (sopa) de leitelho (buttermilk, ver DICAS), extra

CALDA DE CARAMELO
1 xícara (220 g) de açúcar mascavo (ver DICAS)
100 g de manteiga em cubos
$1\frac{1}{4}$ xícara (300 ml) de creme de leite fresco

COBERTURA
1 colher (sopa) de açúcar mascavo (ver DICAS)
$\frac{1}{2}$ colher (chá) de canela em pó
$\frac{1}{4}$ de xícara (30 g) de noz-pecã tostada e grosseiramente picada

1 Prepare a calda de caramelo, depois a cobertura.

2 Preaqueça o forno a 220 °C. Unte a maior assadeira que couber no forno e forre com papel-manteiga.

3 Descasque as maçãs, retire o miolo e corte em cubos de 2 cm. Transfira para uma caçarola pequena e adicione $\frac{1}{4}$ de xícara do açúcar comum, o açúcar mascavo, a canela, o cravo e a água. Misture e leve ao fogo alto até começar a ferver. Reduza para fogo baixo e cozinhe, tampado, por 10 minutos ou até a maçã ficar macia. Deixe esfriar e escorra a maçã, descartando o líquido do cozimento.

4 Enquanto isso, misture a farinha e o restante do açúcar em uma tigela grande. Junte a manteiga, misturando com os dedos até obter uma farofa grossa, com grumos. Adicione o leitelho. Use duas facas sem serra e sem ponta para "cortar" a massa até ficar macia. Transfira para uma superfície lisa e enfarinhada e misture o suficiente até soltar das mãos.

**5** Usando um rolo, abra a massa sobre um pedaço de papel-manteiga bem enfarinhado até obter um retângulo de 20 cm x 40 cm. Deixe o lado mais comprido virado na sua direção. Distribua a mistura de maçã igualmente sobre toda a massa, deixando 2 cm no lado mais perto de você. Espalhe a noz-pecã por cima e depois regue com $^{1}/_{4}$ de xícara da calda de caramelo. Com a ajuda do papel-manteiga, enrole a massa começando pelo lado mais comprido. Transfira com cuidado para a assadeira preparada, dobrando a massa para juntar as duas pontas e formar a rosca. Use uma faca afiada para cortar $^{3}/_{4}$ da rosca, de fora da rosca para dentro, e obter 8 pedaços iguais (ver TÉCNICAS). Pincele a rosca com o restante do leitelho e espalhe a cobertura.

**6** Asse a rosca por 20 minutos, cobrindo com papel-alumínio na metade do tempo para evitar que doure demais. Sirva morna, regada com o restante da calda de caramelo.

**CALDA DE CARAMELO** Coloque todos os ingredientes em uma caçarola pequena e leve ao fogo médio, mexendo até dissolver o açúcar. Cozinhe, sem mexer, por 5 minutos ou até ficar ligeiramente encorpada.

**COBERTURA** Misture todos os ingredientes em uma tigela pequena.

**DICAS** Esta massa é muito delicada e precisa ser trabalhada com cuidado. Se você estiver com dificuldades ou se o dia estiver muito quente, resfrie a massa na geladeira por 15 minutos, seja em que passo for, antes de continuar o preparo da receita. Se não encontrar leitelho pronto, prepare uma versão caseira misturando $^{1}/_{3}$ de iogurte natural desnatado e $^{2}/_{3}$ de leite desnatado. Aperte bem o açúcar mascavo na xícara medidora para obter a quantidade certa pedida na receita.

**TÉCNICAS** Passo 5: ver também ***"como cortar roscas de maçã, nozes e canela"***, página 277.

**FAÇA ANTES** Esta rosca fica mais gostosa se preparada no dia.

**[FOTOS NAS PÁGINAS 98 E 99]**

# Bolo de suspiro com MUSSE DE AMENDOIM E CARAMELO

TEMPO DE PREPARO + COZIMENTO **1 HORA 40 MINUTOS (+RESFRIAMENTO E REFRIGERAÇÃO)** RENDE **8 PORÇÕES**

**3 claras**
**1 xícara (160 g) de açúcar de confeiteiro**
**3 colheres (chá) de amido de milho**
**3/4 de xícara (100 g) de farinha de amêndoa**
**4 colheres (chá) de gelatina em pó incolor**
**2 colheres (sopa) de água gelada**
**1/2 xícara (140 g) de creme de amendoim**
**1/2 xícara (170 g) de cobertura de caramelo comprada pronta**
**2 1/2 xícaras (625 ml) de creme de leite fresco**
**1 colher (sopa) de cacau em pó**

CALDA DE AMENDOIM E CARAMELO
**1/2 xícara (110 g) de açúcar**
**2 colheres (sopa) de água**
**1 xícara (250 ml) de creme de leite fresco**
**1/3 de xícara (70 g) de creme de amendoim**
**1/3 de xícara (45 g) de amendoim sem casca torrado e grosseiramente picado**

1 Preaqueça o forno a 160 °C. Monte duas fôrmas de fundo removível com 22 cm de diâmetro. Unte e forre a base e as laterais com papel-manteiga.
2 Bata as claras em neve em uma tigela metálica até obter picos moles. Aos poucos, peneire o açúcar de confeiteiro, batendo sempre, até a mistura ficar espessa e brilhante. Adicione o amido de milho e a farinha de amêndoa e bata bem. Divida a mistura entre as fôrmas preparadas e alise a superfície com uma espátula ou uma faca sem serra.
3 Asse os suspiros por 40 minutos, alternando as fôrmas entre as grades do forno na metade do tempo, ou até ficarem crocantes e secos. Deixe esfriar no forno com a porta entreaberta.
4 Enquanto isso, prepare a calda de amendoim e caramelo.
5 Para fazer a musse, em uma tigela pequena, polvilhe a gelatina sobre a água e deixe agir por 5 minutos (ver TÉCNICAS). Coloque o creme de amendoim, a cobertura de caramelo e 1 xícara do creme de leite fresco em uma caçarola pequena e leve ao fogo baixo, mexendo até obter uma mistura lisa. Aumente para fogo médio e espere ferver. Retire do fogo e junte a gelatina, mexendo até dissolver. Transfira para uma tigela média e deixe esfriar. Bata o restante do creme de leite até obter picos moles e acrescente à musse, misturando bem.
6 Espalhe a musse sobre um dos discos de suspiro, ainda dentro da fôrma. Com cuidado, retire o outro disco da fôrma e disponha sobre a musse. Leve à geladeira por no mínimo 2 horas ou até firmar.
7 Antes de servir, polvilhe o cacau em pó por cima e regue com a calda de amendoim e caramelo.

CALDA DE AMENDOIM E CARAMELO Coloque o açúcar e a água em uma caçarola pequena e leve ao fogo médio, mexendo até dissolver o açúcar, sem deixar ferver. Cozinhe por 10 minutos, sem mexer, ou até formar um caramelo dourado. Retire do fogo. Com cuidado, porque a mistura pode espirrar, adicione o creme de leite. Volte a panela para o fogo, misture até incorporar bem e então junte o creme de amendoim e o amendoim torrado. Deixe esfriar (ver TÉCNICAS).

TÉCNICAS Passo 1: ver ***"como forrar uma fôrma redonda"***, página 276. Passo 4: ver também ***"como preparar caramelo e praliné"***, página 277. Passo 5: ver também ***"como dissolver gelatina em pó"***, página 277.
FAÇA ANTES Os discos de suspiro podem ser assados com até três dias de antecedência. Guarde-os em um recipiente hermético em temperatura ambiente.

Merengue de banana e caramelo com favo de mel
[RECEITA NAS PÁGINAS 106 E 107]

# Merengue de banana e caramelo COM FAVO DE MEL

TEMPO DE PREPARO + COZIMENTO **3 HORAS (+RESFRIAMENTO)** RENDE **12 PORÇÕES**

4 claras
$^1/_4$ de colher (chá) de cremor de tártaro
$^1/_4$ de xícara (55 g) de açúcar
$^3/_4$ de xícara (165 g) de açúcar mascavo (ver DICAS)
2 colheres (chá) de amido de milho
1 colher (chá) de vinagre branco
$^1/_4$ de colher (chá) de extrato de baunilha
2 bananas médias (440 g) fatiadas no sentido do comprimento
1 colher (sopa) de açúcar, extra
$1^1/_4$ xícara (300 ml) de creme de leite fresco
100 g de favos de mel grosseiramente picados (ver DICAS)

DOCE DE LEITE
1 lata de leite condensado

**1** Prepare o doce de leite (ver DICAS).
**2** Preaqueça o forno a 160 °C. Separe duas assadeiras grandes e recorte dois pedaços de papel-manteiga do mesmo tamanho do fundo. Desenhe dois retângulos de 12,5 cm x 30 cm em cada papel e coloque nas assadeiras com o lado desenhado para baixo.
**3** Coloque as claras, o cremor de tártaro e os dois tipos de açúcar em uma tigela metálica média e bata com uma batedeira portátil em velocidade alta por 8 minutos ou até a mistura ficar espessa e brilhante e todo o açúcar se dissolver. Adicione o amido de milho, o vinagre e a baunilha e bata em velocidade baixa. Divida a mistura entre as assadeiras preparadas, espalhando para preencher somente o retângulo desenhado. Faça espirais no suspiro.
**4** Asse os suspiros por 1 hora ou até ficarem secos. Deixe esfriar no forno com a porta entreaberta.
**5** Disponha as fatias de banana em uma única camada sobre uma assadeira grande e polvilhe-as com o açúcar extra. Caramelize usando um maçarico culinário.
**6** Misture o doce de leite em uma tigela até ficar cremoso. Bata o creme de leite em uma tigela pequena até formar picos moles.
**7** Disponha um dos merengues em um prato. Espalhe $^2/_3$ do creme por cima e cubra com colheradas do doce de leite. Repita essas camadas mais uma vez com o outro merengue e o restante do creme e do doce de leite. Decore com a banana e o favo de mel.

[FOTOS NAS PÁGINAS 104 E 105]

**DOCE DE LEITE** Preaqueça o forno a 120 °C. Despeje o leite condensado em um refratário de porcelana com capacidade para 1,5 litros. Cubra com papel-alumínio, dobrando as bordas para cima de forma que não encoste na água do banho-maria. Acomode o refratário em uma assadeira maior e coloque o conjunto no forno. Despeje água fervente na assadeira até atingir a metade da altura do refratário. Asse por 1 hora e então misture com uma espátula. Cubra novamente e leve de volta ao forno por mais 30 minutos ou até ficar dourado. Se necessário, complete com mais água fervente para manter o nível do banho-maria durante todo o cozimento (ver TÉCNICAS). Retire o refratário da água e deixe esfriar. Transfira para uma tigela média, cubra e leve à geladeira para esfriar.

**DICAS** Aperte bem o açúcar mascavo na xícara medidora para obter a quantidade certa pedida na receita. O favo de mel pode ser encontrado em lojas de produtos naturais ou pela internet. Caso não encontre, substitua por 100 g de chocolate recheado com creme de mel; basta descartar a cobertura de chocolate. O doce de leite nada mais é do que uma cobertura de caramelo mais firme. Se preferir, compre a versão pronta em supermercados ou docerias. O maçarico culinário é vendido em lojas de utilidades domésticas. Se não dispuser de um, use o grill do forno convencional ou do forno elétrico para caramelizar o açúcar.

**TÉCNICAS** Passo 1: ver também ***"como preparar doce de leite"***, página 276.

**FAÇA ANTES** O doce de leite pode ser preparado com até um dia de antecedência, mas o suspiro fica mais gostoso se feito no dia. Guarde em recipiente hermético e monte o doce quase na hora de servir.

# Merengue de banana e caramelo COM FAVO DE MEL

[RECEITA NAS PÁGINAS 106 E 107]

PARA FAZER O SUSPIRO
Se estiver usando uma batedeira portátil, certifique-se de apoiar a tigela sobre um pano para que não se mexa e também mova os batedores por toda a tigela para misturar bem. É recomendável usar uma tigela pequena e alta, assim os batedores conseguirão dar mais volume e ar às claras. O suspiro estará pronto quando ficar brilhante e formar picos firmes.

PARA ESPALHAR O SUSPIRO
O merengue deve ficar com bordas arredondadas; para isso, coloque colheradas de suspiro em volta do retângulo desenhado, uma perto da outra, até fazer toda a volta. Depois, preencha o centro com mais um pouco de suspiro. Com uma colher, espalhe a mistura de fora para dentro, evitando baixar muito a borda.

PARA CARAMELIZAR A BANANA
Posicione o maçarico culinário a 10 cm das fatias de banana. Ajuste a chama de maneira que a parte mais interna e escura quase toque o açúcar. Faça movimentos lentos de vaivém. Conforme o açúcar aquece, se dissolve e carameliza. Acrescente mais açúcar, se necessário.

PARA FAZER A CAMADA DE CHANTILI

Monte o merengue apenas na hora de servir. Espalhe o chantili usando uma espátula ou as costas de uma colher, deixando um espaço na borda. Cubra com o doce de leite e depois com a outra placa de merengue.

PARA ESPALHAR O DOCE DE LEITE

Cubra a segunda placa de merengue com o restante do chantili e depois regue com o restante do doce de leite, antes de finalizar com as fatias de banana e o favo.

PARA SERVIR

As deliciosas texturas das várias camadas deste bolo fazem um pouco de bagunça na hora de servir, mas o resultado final vale a pena. Corte com uma faca de serra e sirva em pratos ou, para uma versão mais moderna, em copos transparentes.

## NOZES FRESCAS

Todos os tipos de oleaginosas são ricos em óleos e por isso podem rançar facilmente. Para evitar esse problema, guarde-as em recipientes herméticos dentro da geladeira.

## *Tostando as nozes*

A TOSTA ACENTUA O SABOR DAS OLEAGINOSAS E ELIMINA TRAÇOS DE RANCIDEZ, SE HOUVER. COM EXCEÇÃO DOS PIGNOLI, É MELHOR TOSTÁ-LAS NO FORNO EM VEZ DE SOBRE A CHAMA DO FOGÃO, POR SER DIFÍCIL AQUECÊ-LAS POR IGUAL SEM QUEIMAR A PARTE EXTERNA. A MAIORIA DAS NOZES PRECISA DE APENAS 8 MINUTOS EM FORNO AQUECIDO A 180 °C.

**NA HORA DE COMPRAR** Prefira locais com alto giro de produtos. Ainda que supermercados tenham bastante rotatividade, o longo tempo de estocagem pode prejudicar as nozes. Procure lojas especializadas em itens árabes, que em geral prezam pelo frescor das frutas secas, assim como lojas de produtos naturais.

## VARIANDO O SABOR

Não tenha medo de experimentar outras oleaginosas no lugar das indicadas aqui. Respeitando o peso mencionado em cada receita, não tem como dar errado.

## FARINHA DE AMÊNDOA CASEIRA

Você pode fazer sua própria farinha de amêndoa usando amêndoas com ou sem pele; o sabor fica um pouco mais intenso se usar a amêndoa com pele. Use um moedor de grãos de café e triture um pouco por vez. Use a mesma técnica com avelãs.

## TRUQUES PARA A COLORAÇÃO PERFEITA

Quando o caramelo começar a dourar, gire a panela lentamente para garantir que doure por igual, mas não mexa. O caramelo continua dourando mesmo depois de retirado do fogo, então, se você não tiver muita prática, é mais seguro, nas primeiras vezes, desligar o fogo um pouco antes e esperar que chegue na cor desejada fora do fogo.

## *Caramelo perfeito*

Na hora de preparar qualquer caramelo cuja base seja água e açúcar, o mais importante é se certificar de que o açúcar se dissolva completamente para evitar cristalização. Para garantir isso, dissolva o açúcar antes de a mistura ferver. Use um pincel culinário mergulhado em água fria para remover quaisquer cristais que tenham ficado nas laterais da panela. Adicionar 1 colher (chá) de suco de limão no começo do preparo também evita a cristalização.

**DE QUE COR O CARAMELO DEVE FICAR?** Conforme o caramelo escurece, seu sabor se acentua. Se o caramelo estiver muito claro, o sabor será meramente doce; se muito escuro, ficará amargo. Um caramelo dourado é o ideal, pois é menos doce e mais saboroso.

## *Tome* CUIDADO

Tome bastante cuidado quando preparar um caramelo, pois a mistura atinge temperaturas muito altas. Se precisar misturar algum líquido frio, saiba que vai espirrar, então afaste-se e adicione o líquido aos poucos. Lembre-se de que, se despejar o caramelo em uma fôrma de metal, ela também ficará quente, então use luvas térmicas. Se você se queimar, deixe a área afetada sob água corrente por alguns minutos antes de procurar os primeiros socorros.

## COMO INTERROMPER O COZIMENTO?

SE O CARAMELO ALCANÇAR A COLORAÇÃO PERFEITA ENQUANTO ESTIVER NO FOGO, HÁ GRANDES CHANCES DE TER PASSADO DO PONTO, POIS ELE CONTINUARÁ COZINHANDO MESMO FORA DO FOGO. O TRUQUE É COLOCAR A PANELA DENTRO DE UMA BACIA COM ÁGUA GELADA DE FORMA A COBRIR UM TERÇO DA ALTURA PARA RESFRIAR O CARAMELO RAPIDAMENTE.

# Bolo de avelãs E GOTAS DE CHOCOLATE com creme de Frangelico e figos

TEMPO DE PREPARO + COZIMENTO **1 HORA 45 MINUTOS (+RESFRIAMENTO)** RENDE **12 PORÇÕES**

**1 xícara (140 g) de avelãs tostadas sem pele**
**1 colher (sopa) de açúcar de confeiteiro**
**4 claras**
**1 xícara (220 g) de açúcar**
**100 g de chocolate meio amargo picado**
**100 g de biscoito wafer sabor avelã picado**
**4 figos médios (240 g) cortados em quartos**
**2 colheres (sopa) de açúcar mascavo (ver DICAS)**

CREME DE FRANGELICO
**250 g de crème fraîche (ver GLOSSÁRIO)**
**1/2 xícara (125 ml) de creme de leite fresco**
**1/4 de xícara (40 g) de açúcar de confeiteiro**
**1/3 de xícara (80 ml) de Frangelico (licor de avelã, ver DICAS)**

1 Preaqueça o forno a 160 °C. Monte uma fôrma de fundo removível com 22 cm de diâmetro com o fundo invertido (de cabeça para baixo). Unte e forre a base e as laterais com papel-manteiga.
2 Lave as avelãs em água corrente e seque. Espalhe sobre uma assadeira grande forrada com papel-manteiga. Peneire o açúcar de confeiteiro por cima e misture para cobrir bem. Leve ao forno para tostar por 8 minutos ou até ficar levemente dourado. Separe 1/4 de xícara para decorar o bolo e pique o restante. Deixe esfriar.
3 Coloque as claras e 1/4 de xícara do açúcar em uma tigela metálica pequena e bata com uma batedeira portátil em velocidade alta até obter picos firmes. Adicione o restante do açúcar e continue batendo em velocidade alta até dissolver. Transfira a mistura para uma tigela grande e junte a avelã picada, o chocolate e o biscoito, misturando à mão. Coloque a massa na fôrma preparada.
4 Asse o bolo por 40 minutos ou até ficar firme. Deixe esfriar na fôrma.
5 Prepare o creme de Frangelico.
6 Desenforme o bolo e disponha em um prato de servir. Pressione o centro do merengue para baixo delicadamente e espalhe o creme de Frangelico.
7 Arrume o figo em uma única camada sobre uma assadeira de bordas baixas e polvilhe o açúcar mascavo. Caramelize usando um maçarico culinário.
8 Disponha o figo sobre o bolo e regue com o líquido que se formou na assadeira. Espalhe a avelã reservada.

CREME DE FRANGELICO Coloque todos os ingredientes em uma tigela e bata com uma batedeira portátil até obter picos firmes.

DICAS Aperte bem o açúcar mascavo na xícara medidora para obter a quantidade certa pedida na receita. Embora a receita peça Frangelico, qualquer licor de avelã funciona muito bem. Montar a fôrma com o fundo invertido facilita na hora de desenformar o bolo. O maçarico culinário é vendido em lojas de utilidades domésticas. Se não dispuser de um, use o grill do forno convencional ou do forno elétrico para caramelizar o açúcar.
TÉCNICAS Passo 1: ver *"como forrar uma fôrma redonda"*, página 276.
FAÇA ANTES O bolo pode ser assado com até um dia de antecedência. Guarde em um recipiente hermético em temperatura ambiente. Recheie e monte quase na hora de servir.

CAMDEN
WILTON
Wilton
Camden
Douglas
Camden Weir
Cawdor
TUNNEL

# Bolo de sorvete COM AMARETTO E CARAMELO

TEMPO DE PREPARO + COZIMENTO **50 MINUTOS (+BATEDEIRA E RESFRIAMENTO)** RENDE **12 PORÇÕES**

***Você vai precisar de uma sorveteira elétrica. Comece esta receita no dia anterior.***

**3 xícaras (750 ml) de leite**
**3 xícaras (750 ml) de creme de leite fresco**
**18 gemas**
**2 xícaras (440 g) de açúcar**
**$2\frac{1}{2}$ colheres (sopa) de amaretto (licor de amêndoa)**
**220 g de biscoito amaretto grosseiramente picado**
**1 colher (sopa) de amaretto, extra**

CALDA DE CARAMELO
**2 xícaras (440 g) de açúcar**
**$\frac{1}{2}$ xícara (125 ml) de água**
**$1\frac{1}{2}$ colher (sopa) de xarope de milho**
**1 xícara (250 ml) de creme de leite fresco**
**120 g de manteiga amolecida cortada em cubos**

1 Coloque o leite e o creme de leite em uma caçarola grande e leve ao fogo até quase ferver. Coloque as gemas e o açúcar em uma tigela grande e bata até incorporar bem. Aos poucos, despeje a mistura de leite sobre as gemas, mexendo sempre. Coloque de volta na panela e leve ao fogo baixo, mexendo sempre, por 7 minutos ou até o creme engrossar. Não deixe ferver. Coe a mistura em outra tigela grande limpa e acrescente o licor. Cubra a superfície do creme com filme de PVC e leve à geladeira por, no mínimo, 4 horas ou até gelar.
2 Enquanto isso, prepare a calda de caramelo.
3 Unte uma fôrma de aro removível com 22 cm de diâmetro e forre a base e as laterais com papel-manteiga. Separe 1 colher (sopa) dos biscoitos para decorar e espalhe um terço do restante no fundo da fôrma. Leve ao congelador.
4 Bata metade da mistura do creme de leite e gemas gelada em uma sorveteira elétrica seguindo as instruções do fabricante. Trabalhando rapidamente, coloque o sorvete pronto na fôrma e alise a superfície. Junte $\frac{1}{4}$ da calda de caramelo em quatro colheradas espalhadas sobre o sorvete. Use uma faca para fazer espirais misturando o caramelo ao sorvete. Cubra com metade do biscoito restante. Cubra com filme de PVC e leve ao congelador por 1 hora ou até firmar.
5 Repita o passo 4 com o restante do creme de leite e gemas gelado, mais um quarto da calda de caramelo e o restante do biscoito. Cubra com filme de PVC e deixe no congelador de um dia para o outro. Misture o licor extra ao restante da calda de caramelo e deixe na geladeira até a hora de servir.
6 Antes de servir, aqueça a calda de caramelo no micro-ondas em potência baixa. Regue o bolo com essa calda e decore com o restante do biscoito.

CALDA DE CARAMELO Coloque o açúcar, a água e o xarope de milho em uma caçarola média e leve ao fogo médio até dissolver o açúcar, limpando o lado de dentro da panela com um pincel culinário molhado. Deixe ferver e então reduza para fogo baixo, cozinhando, sem mexer, por 7 minutos ou até o caramelo dourar (ver TÉCNICAS). Retire a panela do fogo. Junte o creme de leite com muito cuidado, porque vai espirrar. Volte ao fogo e mexa até ficar liso. Deixe o caramelo amornar e só depois adicione a manteiga, misturando até incorporar tudo. Transfira a calda para um recipiente próprio e cubra. Mantenha em temperatura ambiente.

DICA Esta receita usa apenas as gemas, o que quer dizer que você ficará com 18 claras sobrando. A boa notícia é que você pode congelá-las para usar em outras receitas. Conforme for separando as gemas, coloque cada clara em uma cavidade de uma forminha de gelo. Depois de congeladas, retire da forminha e coloque em um recipiente ou em um saco plástico com fecho hermético. Anote a data; elas duram até 1 ano no congelador. Descongele na geladeira antes de usar.
TÉCNICAS Passo 2: ver ***"como preparar caramelo e praliné"***, página 277. Passo 3: ver ***"como forrar uma fôrma redonda"***, página 276.

# Bolo três caramelos

TEMPO DE PREPARO + COZIMENTO **5 HORAS 30 MINUTOS (+REFRIGERAÇÃO E DESCANSO)** RENDE **16 PORÇÕES**

**1 lata (395 g) de leite condensado**
**250 g de manteiga sem sal cortada em cubos**
**1 xícara (220 g) de açúcar mascavo (ver DICAS)**
**1/4 de colher (chá) de flor de sal**
**1/4 de xícara (60 ml) de butterscotch schnapps (ver DICAS)**
**1 1/2 xícara (225 g) de farinha de trigo comum**
**1/2 xícara (75 g) de farinha de trigo com adição de fermento**
**2 ovos**

GANACHE DE CHOCOLATE BRANCO CARAMELIZADO
**300 g de chocolate branco finamente picado**
**1/2 xícara (125 ml) de creme de leite fresco**

**1** Prepare a ganache de chocolate branco caramelizado.
**2** Preaqueça o forno a 220 °C.
**3** Despeje o leite condensado em um refratário de porcelana com capacidade para 2 litros. Cubra com papel-alumínio, dobrando as bordas para cima de forma que não encoste na água do banho-maria. Acomode o refratário em uma assadeira maior e coloque o conjunto no forno. Despeje água fervente na assadeira até atingir a metade da altura do refratário. Asse por 1 hora e então misture com uma espátula. Cubra novamente e leve de volta ao forno por mais 30 minutos ou até ficar dourado. Se necessário, complete com mais água fervente para manter o nível do banho-maria durante todo o cozimento (ver TÉCNICAS). Retire o refratário da água e misture até obter um caramelo liso. Cubra e deixe esfriar em temperatura ambiente.
**4** Reduza a temperatura do forno para 160 °C. Unte uma fôrma redonda de bordas altas com 20 cm de diâmetro e forre o fundo e as laterais com papel-manteiga.
**5** Coloque a manteiga, o açúcar e a flor de sal em uma caçarola média e leve ao fogo baixo, mexendo até incorporar tudo, sem ferver. Junte o doce de leite e o schnapps e misture até obter um creme liso. Transfira para uma tigela grande e deixe descansar por 15 minutos. Acrescente as farinhas peneiradas e os ovos. Coloque a massa na fôrma preparada.
**6** Asse o bolo por 1 hora. Cubra com papel-alumínio e asse por mais 1 hora ou até que um palito inserido no centro saia limpo. Deixe descansar na fôrma por 15 minutos antes de desenformar, com o topo para cima, sobre uma grade para esfriar.
**7** Coloque o bolo em um prato de servir e decore com a ganache.

GANACHE DE CHOCOLATE BRANCO CARAMELIZADO Preaqueça o forno a 160 °C. Espalhe o chocolate em um refratário de bordas baixas e leve para assar durante 20 minutos, mexendo duas vezes ou até adquirir uma cor marrom-clara. Transfira para uma tigela grande. Coloque o creme de leite em uma tigela pequena e aqueça até quase ferver. Junte o chocolate e misture até obter um creme quase liso. Coe a mistura por uma peneira fina, pressionando de leve para desfazer eventuais grumos; descarte os sólidos. Cubra e leve à geladeira por 30 minutos, mexendo de vez em quando, ou até a ganache ficar firme o suficiente para ser espalhada por cima do bolo.

**DICAS** Aperte bem o açúcar mascavo na xícara medidora para obter a quantidade certa pedida na receita. O butterscotch schnapps é uma espécie de licor aromatizado com uma mistura de manteiga e açúcar mascavo. Se não encontrar em lojas de produtos importados, substitua por irish cream (Bailey's, por exemplo).
**TÉCNICAS** Passo 3: ver ***"como preparar doce de leite"***, página 276. Passo 4: ver ***"como forrar uma fôrma redonda"***, página 276.
**FAÇA ANTES** O doce de leite e a ganache de chocolate branco caramelizado podem ser preparados com um dia de antecedência e mantidos em recipientes herméticos dentro da geladeira. Certifique-se de que estejam em temperatura ambiente na hora de utilizá-los.

# Bolo de pecãs e figos
## COM CREME DE MASCARPONE E MAPLE

TEMPO DE PREPARO + COZIMENTO **1 HORA 30 MINUTOS** RENDE **10 PORÇÕES**

**1 1/4 xícara (150 g) de nozes-pecãs**
**3/4 de xícara (110 g) de farinha de trigo com adição de fermento**
**1/2 xícara (75 g) de farinha de trigo comum**
**250 g de manteiga amolecida**
**1/2 xícara (110 g) de açúcar**
**1/2 xícara (160 g) de geleia de figo**
**3 ovos**
**4 figos médios (120 g) cortados ao meio**

PRALINÉ DE PECÃS
**1/2 xícara (110 g) de açúcar**
**1/2 xícara (125 ml) de água**
**1/2 xícara (60 g) de nozes-pecãs tostadas**

CREME DE MASCARPONE E MAPLE
**300 ml de creme de leite fresco**
**250 g de queijo mascarpone**
**2 colheres (sopa) de maple syrup (xarope de bordo)**
**1/2 xícara (80 g) de açúcar de confeiteiro**

**1** Preaqueça o forno a 170 °C. Unte uma fôrma redonda de bordas altas com 22 cm de diâmetro e forre a base e as laterais com papel-manteiga de modo que ultrapasse as bordas em 5 cm.
**2** Bata as nozes e as farinhas no processador até obter uma farofa fina. Coloque a manteiga, o açúcar e a geleia em uma tigela pequena e bata até obter uma mistura leve e fofa. Adicione os ovos, um a um, batendo a cada adição. Transfira para uma tigela grande e acrescente a mistura de farinhas. Preencha a fôrma preparada com essa massa.
**3** Asse o bolo por 55 minutos ou até que um palito inserido no centro saia limpo. Deixe descansar na fôrma por 5 minutos antes de desenformar, com o topo para cima, sobre uma grelha para esfriar.
**4** Enquanto isso, prepare o praliné de pecãs e depois o creme de mascarpone e maple.
**5** Divida o bolo já frio em três camadas (ver TÉCNICAS). Espalhe 1/3 do creme de mascarpone sobre a camada de baixo. Cubra com a camada do meio e espalhe mais 1/3 do creme por cima. Finalize com a camada de cima e o restante do creme de mascarpone. Decore com os figos e espalhe o praliné grosseiramente picado.

PRALINÉ DE PECÃS Coloque o açúcar e a água em uma caçarola pequena e leve ao fogo baixo, sem ferver, misturando até dissolver o açúcar. Espere ferver e cozinhe, sem mexer, por 10 minutos ou até o caramelo ficar dourado. Acrescente as nozes e faça movimentos circulares com a panela para que fiquem cobertas de caramelo. Despeje em uma assadeira forrada com papel-manteiga. Deixe em temperatura ambiente até esfriar (ver TÉCNICAS).

CREME DE MASCARPONE E MAPLE Coloque todos os ingredientes em uma tigela pequena e bata com uma batedeira portátil até formar picos firmes.

TÉCNICAS Passo 1: ver ***"como forrar uma fôrma redonda"***, página 276. Passo 4: ver também ***"como preparar caramelo e praliné"***, página 277. Passo 5: ver também ***"como dividir um bolo em camadas iguais"***, página 277.
FAÇA ANTES Tanto o bolo quanto o praliné podem ser preparados com um dia de antecedência. Guarde separadamente dentro de recipientes herméticos em temperatura ambiente. Pique o praliné e monte o bolo quase na hora de servir.

# Bolo de pecãs e figos
## COM CREME DE MASCARPONE E MAPLE

[RECEITA NA PÁGINA 119]

PARA MISTURAR
A FARINHA NA MASSA
Use uma colher de madeira ou bambu para misturar a farinha apenas o suficiente para incorporá-la à massa. Não faça movimentos rápidos ou demasiado longos para evitar que a massa endureça.

PARA FAZER O PRALINÉ DE PECÃS
Certifique-se de forrar a assadeira com papel-manteiga antes de começar a preparar o caramelo, pois, assim que o caramelo ficar dourado, você terá que agir rápido. Para mais detalhes, ver *"como preparar caramelo e praliné"*, página 277.

PARA FAZER O CREME
DE MASCARPONE E MAPLE
Coloque todos os ingredientes em uma tigela e bata até obter picos firmes, tomando cuidado para não bater demais e desandar, o que pode acontecer rapidamente devido ao alto teor de gordura que os ingredientes contêm.

PARA DIVIDIR O BOLO EM CAMADAS

Segure a faca horizontalmente para cortar as camadas. Para mais detalhes, ver "*como dividir um bolo em camadas iguais*", página 277. Se o bolo ficar com migalhas, use um pincel culinário para limpar a superfície e evitar que elas se misturem ao creme.

PARA MONTAR O BOLO

Use uma faca sem serra e sem ponta ou então uma espátula e mantenha-a na posição horizontal enquanto espalha o creme de mascarpone em uma única camada, com movimentos de vaivém. Como o creme é bastante espesso, você pode espalhar até bem perto da borda. Gire o prato ou o suporte à medida que espalha o creme para ficar homogêneo.

PARA SERVIR

Quebre o praliné com as mãos e depois pique em pedaços menores usando a faca. Os figos ficam mais bonitos quando abertos com a mão do que cortados com a faca. Para isso, faça um pequeno corte na base da fruta e depois abra ao meio usando os polegares. Use para decorar o bolo junto com o praliné.

FABULOSOS

# Frutinhas & CREME

# FRUTINHAS *Vermelhas* perfumadas indicam a chegada esplendorosa do *Verão*

# Pavlova de chocolate COM CEREJAS E MIRTILOS

TEMPO DE PREPARO + COZIMENTO **2 HORAS (+RESFRIAMENTO)** RENDE **10 PORÇÕES**

**100 g de chocolate amargo (70% cacau) picado**
**4 claras**
**1 xícara (220 g) de açúcar**
**1 colher (sopa) de amido de milho**
**1 colher (chá) de vinagre branco**
**250 g de cream cheese amolecido**
**2 colheres (chá) de extrato de baunilha**
**1/4 de xícara (40 g) de açúcar de confeiteiro**
**1 1/4 xícara (300 ml) de creme de leite fresco**
**cerejas frescas com cabinho**

COMPOTA DE CEREJAS E MIRTILOS
**2 xícaras (300 g) de cerejas cortadas ao meio sem caroço**
**1 xícara (150 g) de mirtilos**
**1/3 de xícara (75 g) de açúcar**
**1/4 de xícara (60 ml) de água**
**1/4 de xícara (80 g) de geleia de cereja**

1 Preaqueça o forno a 120 °C. Forre uma assadeira grande com papel-manteiga. Desenhe um círculo com 18 cm de diâmetro no papel e coloque na assadeira com o lado desenhado para baixo.
2 Coloque o chocolate em uma tigela refratária pequena sobre uma panela com água fervente; cuide para que a água não encoste no fundo da tigela. Mexa até o chocolate derreter (ver TÉCNICAS). Deixe esfriar.
3 Coloque as claras em uma tigela metálica pequena e bata com uma batedeira portátil até obter picos moles. Adicione o açúcar aos poucos, batendo bem a cada adição até dissolver e a mistura ficar espessa e brilhante.
4 Junte o amido de milho e o vinagre, misturando à mão. Despeje o chocolate, fazendo espirais. Preencha o círculo desenhado no papel dentro da assadeira com colheradas de suspiro.
5 Asse o suspiro por 1h15 ou até secar. Deixe esfriar dentro do forno desligado com a porta entreaberta.
6 Enquanto isso, prepare a compota de cerejas e mirtilos.
7 Coloque o cream cheese, a baunilha e o açúcar de confeiteiro em uma tigela pequena e bata com uma batedeira portátil até obter um creme liso. Adicione o creme de leite aos poucos, batendo até ficar homogêneo.
8 Pouco antes de servir, cubra a pavlova com colheradas da mistura de cream cheese e decore com a compota. Finalize com as cerejas frescas.

COMPOTA DE CEREJAS E MIRTILOS Coloque as cerejas, os mirtilos, o açúcar e a água em uma caçarola média e leve ao fogo médio, até quase ferver. Cozinhe por 5 minutos ou até que as cerejas e os mirtilos liberem seu suco. Com uma escumadeira, retire as frutas e transfira para uma tigela pequena e reserve. Adicione a geleia ao suco na panela e espere ferver. Cozinhe por 5 minutos ou até a mistura engrossar. Despeje esse xarope sobre as frutas reservadas e deixe esfriar completamente antes de utilizar.

DICA Para checar se as claras já estão batidas o suficiente e o suspiro está no ponto, esfregue um pouquinho entre os dedos; deve ter uma textura lisa, sem quaisquer cristais de açúcar.
TÉCNICAS Passo 2: ver também ***"como derreter chocolate"***, página 277.
FAÇA ANTES A pavlova pode ser assada com um dia de antecedência e armazenada dentro de um recipiente hermético em temperatura ambiente. A mistura de cream cheese fica mais gostosa se feita quase na hora de servir.

Pudim de croissant com geleia vermelha
[RECEITA NAS PÁGINAS 130 E 131]

# Pudim de croissant
## COM GELEIA VERMELHA

TEMPO DE PREPARO + COZIMENTO **2 HORAS (+REFRIGERAÇÃO E RESFRIAMENTO)** RENDE **12 PORÇÕES**

**8 croissants (400 g) rasgados em quatro pedaços**
**125 g de framboesas**
**$2\frac{1}{2}$ xícaras (625 ml) de creme de leite fresco**
**1 xícara (250 ml) de leite**
**$\frac{3}{4}$ de xícara (150 g) de açúcar**
**8 ovos**
**2 colheres (chá) de essência de baunilha**
**2 colheres (sopa) de açúcar demerara**

GELEIA VERMELHA
**5 tomates italianos (660 g) (ver DICAS)**
**250 g de morangos cortados ao meio (se forem grandes, corte em quartos)**
**1 xícara (220 g) de açúcar**
**1 colher (sopa) de raspas da casca de laranja-baía**
**1 colher (chá) de essência de baunilha**
**1 anis-estrelado**

**1** Prepare a geleia vermelha.
**2** Preaqueça o forno a 160 °C. Forre a base e a lateral de uma fôrma de fundo removível de 24 cm de diâmetro com um único pedaço grande de papel-alumínio, tomando cuidado para que não rasgue. Forre a base também com papel-manteiga. Unte tudo muito bem.
**3** Arrume os pedaços de croissant na fôrma, com o lado rasgado para cima. Cubra com $\frac{3}{4}$ da geleia às colheradas. Corte os tomates reservados em cunhas finas e disponha $\frac{2}{3}$ entre os pedaços de croissant. Espalhe as framboesas por cima.
**4** Misture as fatias de tomate reservadas à geleia e deixe na geladeira até a hora de utilizar.
**5** Coloque o creme de leite, o leite, o açúcar, os ovos e a baunilha em uma tigela grande e bata até formar um creme homogêneo. Despeje esse creme sobre o croissant e as frutas. Dê leves batidinhas na lateral da fôrma para que o creme fique bem distribuído.
**6** Coloque a fôrma dentro de uma assadeira e asse por 1h30 ou até dourar e firmar um pouco; o creme ainda deve tremelicar um pouco, pois terminará de firmar enquanto o pudim descansa.
**7** Polvilhe o açúcar demerara por cima e deixe descansar na própria fôrma por 30 minutos. Sirva o pudim morno ou em temperatura ambiente, coberto com o restante da geleia e, se quiser, um pouco de chantili.

**GELEIA VERMELHA** Faça um corte em cruz na base dos tomates com uma faca afiada. Mergulhe-os em água fervente por 1 minuto e depois em água gelada para interromper o cozimento. Retire a pele. Reserve 3 tomates para o pudim. Corte o restante em 12 pedaços e coloque em uma caçarola de fundo grosso pequena. Junte o morango, o açúcar, as raspas de casca de laranja, a baunilha e o anis-estrelado. Cozinhe por 5 minutos em fogo baixo, com a panela tampada, sacudindo a panela com cuidado de vez em quando. Tire a tampa e cozinhe por mais 15 minutos ou até a mistura engrossar. Coe a mistura com uma peneira fina sobre um refratário, reservando as frutas. Coloque o líquido de volta na panela e leve ao fogo médio, cozinhando até o volume reduzir pela metade. Despeje esse xarope sobre as frutas e deixe esfriar.

**DICAS** A versão original da geleia leva tamarillos, uma fruta da família do tomate pouco cultivada no Brasil. Para esta receita, você pode substituí-los por tomates italianos, que são mais doces. Forrar a fôrma com o papel-alumínio evita que os líquidos escapem durante o cozimento.

**FAÇA ANTES** A geleia pode ser feita com um dia de antecedência. Guarde em um recipiente hermético dentro da geladeira. O pudim de croissant fica mais gostoso se preparado e assado no dia.

[FOTOS NAS PÁGINAS 128 E 129]

# Bolo tres leches
## COM FRUTINHAS E COCO

TEMPO DE PREPARO + COZIMENTO **1 HORA 20 MINUTOS (+RESFRIAMENTO)** RENDE **9 PORÇÕES**

*Este delicioso pão de ló, muito popular na América Latina e no Caribe, é umedecido por três tipos de leite diferentes e é perfeito para quem gosta de bolos bem molhadinhos.*

250 g de morangos
125 g de mirtilos
125 g de framboesas
4 ovos, claras e gemas separadas
1 xícara (220 g) de açúcar
$^1/_3$ de xícara (80 ml) de leite
1 colher (chá) de extrato de baunilha
$1^1/_3$ de xícara (200 g) de farinha de trigo
1 colher (chá) de fermento químico em pó
1 lata (395 g) de leite condensado
$^1/_2$ xícara (125 ml) de creme de leite fresco
$^1/_2$ xícara (125 ml) de leite de coco

CHANTILI DE COCO
$1^1/_4$ xícara (300 ml) de creme de leite fresco gelado
2 colheres (sopa) de açúcar de confeiteiro
$^1/_2$ colher (chá) de extrato de baunilha
$^1/_2$ colher (chá) de essência de coco

**1** Preaqueça o forno a 160 °C. Unte uma fôrma quadrada de 22 cm. Forre a base e as laterais com papel-manteiga de modo que o papel ultrapasse as bordas em 5 cm. Isso vai facilitar na hora de desenformar o bolo mais tarde.
**2** Coloque metade das frutas vermelhas em uma tigela e deixe na geladeira até a hora de servir. Pique o restante dos morangos e misture com o restante dos mirtilos e das framboesas. Reserve.
**3** Coloque as claras em uma tigela metálica média e bata com uma batedeira portátil até obter picos moles. Adicione o açúcar aos poucos, batendo até ficar brilhante e firme. Em outra tigela, misture as gemas, o leite e a baunilha. Sem parar de bater as claras, despeje a mistura de gemas e leite aos poucos, batendo bem até ficar homogêneo. Peneire a farinha e o fermento e misture à mão, fazendo movimentos circulares de baixo para cima. Junte as frutas reservadas e misture mais uma vez. Transfira a massa para a fôrma preparada e alise a superfície.
**4** Asse o bolo por 1 hora, girando a fôrma na metade do tempo, ou até que um palito inserido no centro saia limpo.
**5** Enquanto isso, misture o leite condensado, o creme de leite e o leite de coco em uma jarra até ficar homogêneo.
**6** Assim que o bolo sair do forno, use um palito para furar toda a superfície. Despeje a mistura de leites sobre o bolo ainda quente. Deixe o bolo esfriar na própria assadeira.
**7** Enquanto isso, prepare o chantili de coco.
**8** Desenforme o bolo e espalhe o chantili de coco por cima. Decore com as frutas reservadas na geladeira e sirva em seguida.

**CHANTILI DE COCO** Em uma tigela pequena, coloque o creme de leite, o açúcar de confeiteiro peneirado e a baunilha e bata com uma batedeira portátil até obter picos moles. Misture delicadamente a essência de coco à mão.

**DICAS** Você pode usar as frutas vermelhas de sua preferência, como amoras ou groselhas, por exemplo. Fica mais fácil cortar o bolo se você usar uma faca lisa do que uma com serra.
**TÉCNICAS** Passo 1: ver *"como forrar uma fôrma quadrada"*, página 276.
**FAÇA ANTES** O bolo fica mais gostoso quando assado no dia.

Bolo de semolina, ricota e limão com calda de cereja
[RECEITA NAS PÁGINAS 136 E 137]

# Bolo de semolina, ricota e limão COM CALDA DE CEREJA

TEMPO DE PREPARO + COZIMENTO **1 HORA 20 MINUTOS (+RESFRIAMENTO)** RENDE **8 PORÇÕES**

**250 g de manteiga amolecida**
**$1\frac{1}{4}$ xícara (275 g) de açúcar**
**1 colher (sopa) de raspas de casca de limão-siciliano**
**3 ovos**
**1 xícara (250 g) de creme de ricota**
**$\frac{1}{3}$ de xícara (80 ml) de suco de limão-siciliano**
**1 xícara (150 g) de farinha de trigo com adição de fermento**
**1 xícara (160 g) de semolina**

CALDA DE CEREJA
**2 colheres (chá) de amido de milho**
**1 xícara (250 ml) de água fria**
**1 xícara (220 g) de açúcar**
**2 colheres (sopa) de conhaque**
**uma tira de casca de limão-siciliano com 5 cm de comprimento**
**2 colheres (sopa) de suco de limão-siciliano**
**500 g de cerejas inteiras com cabinho**

CREME DE CONHAQUE
**$1\frac{1}{4}$ xícara (300 ml) de creme de leite fresco**
**1 colher (sopa) de conhaque**

**1** Preaqueça o forno a 180 °C. Unte bem uma fôrma de furo no meio de 21 cm de diâmetro e bordas altas (ver DICAS). Polvilhe farinha e descarte o excesso.

**2** Coloque a manteiga, o açúcar e as raspas da casca do limão em uma tigela pequena e bata com uma batedeira portátil até obter um creme pálido e fofo. Adicione os ovos, um a um, sem parar de bater. Transfira para uma tigela grande e misture à mão a ricota, o suco de limão e a farinha e a semolina peneiradas. Coloque a massa na fôrma preparada.

**3** Asse o bolo por 45 minutos ou até que um palito inserido no centro saia limpo. Deixe descansar na fôrma por 5 minutos antes de desenformar sobre uma grelha para esfriar.

**4** Enquanto isso, prepare a calda de cereja e depois o creme de conhaque.

**5** Sirva o bolo morno regado com a calda de cereja e acompanhado do creme de conhaque.

**CALDA DE CEREJA** Dissolva o amido de milho na água em uma caçarola média. Junte o açúcar, o conhaque, a casca e o suco do limão e mexa. Leve ao fogo médio-baixo e cozinhe, sem ferver, até dissolver o açúcar. Só então deixe levantar fervura e acrescente as cerejas. Cozinhe, sem tampar, por 10 minutos ou até as cerejas estarem macias e a calda engrossar. Deixe esfriar. Separe 2 colheres (sopa) da calda para usar no creme de conhaque.

**CREME DE CONHAQUE** Coloque o creme de leite, a calda separada e o conhaque em uma tigela pequena e bata com uma batedeira portátil até obter picos moles.

**DICAS** É muito importante untar bem a fôrma, em especial se ela for decorada com desenhos nas laterais; certifique-se de passar manteiga em todos os cantos. Para o bolo ficar com a textura correta, use o creme de ricota, e não a ricota fresca, que é mais dura e seca.
**VARIAÇÃO** Para um bolo de laranja e ricota com calda de morangos, substitua as raspas e o suco de limão do passo 2 por raspas e suco de laranja; substitua as cerejas da calda pela mesma quantidade de morangos e reduza o tempo de cozimento para 5 minutos.
**FAÇA ANTES** Tanto o bolo quanto a calda podem ser preparados com um dia de antecedência e guardados na geladeira dentro de recipientes herméticos separados. Antes de servir, reaqueça o bolo e a calda.

[FOTOS NAS PÁGINAS 134 E 135]

# Rocambole de chocolate branco
## COM MORANGOS E CHANTILI

TEMPO DE PREPARO + COZIMENTO **45 MINUTOS (+DESCANSO E REFRIGERAÇÃO)** RENDE **10 PORÇÕES**

**5 ovos, claras e gemas separadas**
**$^2/_3$ de xícara (150 g) de açúcar**
**$1^1/_2$ colher (sopa) de água quente**
**80 g de chocolate branco finamente ralado**
**$^2/_3$ de xícara (100 g) de farinha de trigo com adição de fermento**
**$^1/_4$ de xícara (55 g) de açúcar, extra**
**375 g de morangos finamente fatiados**
**2 colheres (sopa) de açúcar de confeiteiro**
**$^1/_2$ colher (chá) de sumagre**
**250 g de mascarpone**
**$^1/_2$ xícara (125 ml) de creme de leite fresco**
**30 g de suspiro comprado pronto**

1 Preaqueça o forno a 200 °C. Unte uma assadeira de 26 cm x 32 cm e bordas baixas. Forre a base e as laterais mais compridas com papel-manteiga de forma que o papel ultrapasse as bordas em 5 cm. Isso vai facilitar na hora de enrolar o rocambole mais tarde.
2 Coloque as gemas e o açúcar em uma tigela média e bata com uma batedeira portátil por 5 minutos ou até obter um creme pálido e espesso. Despeje a água quente na tigela e acrescente o chocolate. Misture delicadamente a farinha peneirada até ficar homogêneo. Transfira para uma tigela média.
3 Coloque as claras em uma tigela metálica média e bata com uma batedeira portátil até obter picos moles. Despeje as claras em neve na tigela da massa em duas levas, misturando à mão até incorporar tudo. Espalhe a massa na assadeira preparada.
4 Asse o pão de ló por 12 minutos ou até dourar e a massa ficar fofinha quando pressionada de leve.
5 Enquanto isso, corte um pedaço de papel-manteiga um pouco maior do que a assadeira e coloque sobre a superfície de trabalho. Polvilhe com açúcar por igual. Desenforme o pão de ló ainda quente, virando sobre o papel preparado. Remova o papel usado para forrar a assadeira e apare as bordas desiguais com uma faca afiada. Trabalhando rapidamente com a ajuda do papel, enrole o pão de ló a partir da lateral mais comprida. Deixe esfriar por 5 minutos. Desenrole, remova o papel e enrole de novo. Cubra com um pano limpo e deixe esfriar.
6 Enquanto isso, misture o morango, o açúcar de confeiteiro peneirado e metade do sumagre em uma tigela média. Cubra e leve à geladeira por 30 minutos.
7 Coloque o mascarpone e o creme de leite em uma tigela pequena e bata com uma batedeira portátil até obter picos quase firmes.
8 Desenrole o pão de ló já frio e espalhe $^2/_3$ do creme de mascarpone, deixando uma borda de 2,5 cm em todos os lados. Por cima do creme, espalhe metade do suspiro e da mistura de morango. Enrole novamente para fechar o recheio. Sirva o rocambole coberto com o restante do creme, do suspiro e do morango e polvilhado com o restante do sumagre.

**DICAS** Para que o rocambole fique com o formato certinho ou para diminuir quaisquer rachaduras na massa, enrole em papel-manteiga e feche bem as extremidades como se fosse um bombom. Leve à geladeira por 20 minutos.
**FAÇA ANTES** O rocambole fica mais gostoso se preparado no dia.

Bolo veludo rosa de framboesas e água de rosas com marshmallow
[RECEITA NAS PÁGINAS 142 E 143]

Camadas de cor e
perfume
envoltas em maciez e
doçura

# Bolo veludo rosa de framboesas e ÁGUA DE ROSAS COM MARSHMALLOW

TEMPO DE PREPARO + COZIMENTO **1 HORA 40 MINUTOS (+RESFRIAMENTO)** RENDE **8 PORÇÕES**

**250 g de manteiga amolecida cortada em cubos**
**6 claras**
**2 colheres (chá) de extrato de baunilha**
**2 xícaras (440 g) de açúcar**
**$2\frac{1}{2}$ xícaras (375 g) de farinha de trigo**
**1 xícara (250 ml) de leitelho (buttermilk, ver DICAS)**
**2 colheres (chá) de bicarbonato de sódio**
**2 colheres (chá) de vinagre branco**
**3 colheres (chá) de corante alimentício cor-de-rosa (ver DICAS)**
**185 g de framboesas**

CREME DE FRAMBOESAS E ÁGUA DE ROSAS
**185 g de framboesas**
**1 colher (sopa) de água de rosas**
**300 ml de creme de leite fresco**
**$\frac{1}{4}$ de xícara (40 g) de açúcar de confeiteiro**

MARSHMALLOW DE ÁGUA DE ROSAS
**$\frac{3}{4}$ de xícara (165 g) de açúcar**
**1 colher (sopa) de xarope de milho**
**2 colheres (sopa) de água**
**3 colheres (chá) de água de rosas**
**3 claras**

**1** Preaqueça o forno a 180 °C. Unte duas fôrmas redondas de 20 cm de diâmetro e forre a base e a lateral com três camadas de papel-manteiga.
**2** Coloque a manteiga em uma tigela grande e bata com uma batedeira portátil até ficar liso. Junte as claras, a baunilha, o açúcar, a farinha e o leitelho.
**3** Misture o bicarbonato e o vinagre em uma tigela pequena até espumar bastante. Acrescente o corante e junte à mistura de manteiga. Bata em velocidade baixa até incorporar tudo e então bata em velocidade média por 2 minutos até a massa adquirir uma coloração mais pálida; pode ser que nesta etapa a massa fique com alguns grumos. Divida entre as fôrmas preparadas.
**4** Asse os bolos por 45 minutos ou até que um palito inserido no centro saia limpo. Deixe descansar na fôrma por 5 minutos antes de desenformar, com o topo para baixo, sobre duas grelhas cobertas com papel-manteiga para esfriar. Divida os bolos em duas camadas (ver TÉCNICAS).
**5** Prepare o creme de framboesas e água de rosas.
**6** Disponha uma camada de bolo em um prato e cubra com $\frac{1}{3}$ do creme de framboesas e água de rosas, deixando um espaço de 1 cm em toda a borda. Repita o procedimento, fazendo mais camadas com o restante do bolo e do creme, terminando com uma camada de bolo.
**7** Prepare o marshmallow de água de rosas. Trabalhando rapidamente, use uma espátula de metal para espalhar o marshmallow no topo e na lateral do bolo, fazendo picos e espirais. Sirva o bolo acompanhado das framboesas.

**CREME DE FRAMBOESAS E ÁGUA DE ROSAS** Coloque as framboesas e a água de rosas em uma tigela pequena e amasse ligeiramente. Em outra tigela pequena, bata o creme de leite e o açúcar com uma batedeira portátil até formar picos firmes. Junte o conteúdo das duas tigelas, misturando à mão.

**MARSHMALLOW DE ÁGUA DE ROSAS** Coloque $^{2}/_{3}$ de xícara (150 g) do açúcar, o xarope de milho e os dois tipos de água em uma caçarola pequena e leve ao fogo médio, sem ferver, mexendo até dissolver o açúcar. Então deixe ferver e cozinhe assim por 3 minutos até o xarope atingir 115 °C (meça com um termômetro culinário) ou até uma pequena colherada de xarope formar uma bolinha quando despejada dentro de um copo com água fria. Retire a panela do fogo e deixe as bolhas afundarem. Enquanto isso, bata as claras em neve em uma tigela metálica com uma batedeira portátil até formar picos moles. Junte o restante do açúcar e bata até dissolver. Sem parar de bater, junte o xarope quente em um fio contínuo, batendo em velocidade alta por 5 minutos ou até a mistura engrossar e esfriar. Utilize imediatamente.

**DICAS** Na hora de cobrir o bolo com o marshmallow de água de rosas, você deve trabalhar rapidamente se quiser preservar sua textura. Use um corante alimentício à base de água, disponível em supermercados e lojas especializadas em produtos de confeitaria. Pingue uma gota por vez na massa e misture com um palito. Para atingir a coloração desejada, tenha em mente que um pouco da cor se perde durante o cozimento. A cor também muda ligeiramente no topo e na base do bolo depois de assado, conferindo a essas camadas um efeito marmorizado muito bonito. Se não encontrar leitelho pronto, prepare uma versão caseira misturando $^{1}/_{3}$ de iogurte natural desnatado e $^{2}/_{3}$ de leite desnatado.

**TÉCNICAS** Passo 1: ver ***"como forrar uma fôrma redonda"***, página 276. Passo 4: ver ***"como dividir um bolo em camadas iguais"***, página 277.

**FAÇA ANTES** Os bolos podem ser assados com um dia de antecedência e armazenados dentro de um recipiente hermético em temperatura ambiente. Monte e decore o bolo no dia e mantenha em local fresco. Se necessário, deixe na geladeira por até 3 horas, mas retire 1 hora antes de servir.

[FOTOS NAS PÁGINAS 140 E 141]

# Bolo veludo rosa de framboesas
## E ÁGUA DE ROSAS COM MARSHMALLOW

[RECEITA NAS PÁGINAS 142 E 143]

PARA PREPARAR A MASSA
Esta receita é um pouco diferente, pois a massa leva bicarbonato de sódio e vinagre. Esses dois ingredientes reagem quando combinados e liberam dióxido de carbono, o que confere ao bolo ainda mais leveza. Ao combinar a mistura de vinagre e corante com a massa, podem se formar alguns grumos (não se preocupe, é normal) e pode parecer que a coloração está muito forte, mas a cor se perde um pouco durante o cozimento.

PARA FAZER AS CAMADAS
Use uma régua para fazer marcações em toda a volta de cada bolo. Segure a faca na horizontal e corte o bolo seguindo as marcas. Se parecer muito difícil ou se você não tiver uma boa faca de serra disponível, leve os bolos à geladeira por 30 minutos para firmar a massa, o que facilita bastante na hora de cortar.

PARA PREPARAR O CREME DE FRAMBOESAS E ÁGUA DE ROSAS
Amasse as framboesas com a água de rosas usando as costas de um garfo. Se não encontrar água de rosas, utilize um pouco de suco de limão--siciliano. Junte as framboesas e o creme, misturando à mão.

PARA MONTAR O BOLO
Coloque uma das camadas em um prato de servir (ver "*como decorar um bolo sem fazer bagunça*", página 277). Espalhe $^1/_3$ do creme de framboesas e água de rosas, usando as costas de uma colher ou uma faca sem serra. Repita as camadas, terminando com bolo.

PARA PREPARAR O MARSHMALLOW DE ÁGUA DE ROSAS
Para verificar se a mistura de marshmallow já está no ponto, sinta a temperatura da tigela; deve estar ligeiramente morna. Além disso, ao levantar os batedores, a mistura deve formar picos bem espessos, firmes e brilhantes.

PARA COBRIR O BOLO E SERVIR
Espalhe o marshmallow rapidamente sobre o topo e na lateral do bolo, fazendo espirais. Corte o bolo usando uma faca untada e limpe a lâmina com papel-toalha depois de cada corte.

# Bolo de framboesas e limão com chantili de coco

TEMPO DE PREPARO + COZIMENTO **1 HORA (+REFRIGERAÇÃO E DESCANSO)** RENDE **10 PORÇÕES**

*Deixe o leite de coco na geladeira desde a véspera para preparar esta receita.*

20 g de manteiga derretida
2 limões
185 g de manteiga amolecida
1 1/2 xícara (330 g) de açúcar
4 ovos
1 xícara (150 g) de farinha de trigo comum
1/2 xícara (75 g) de farinha de trigo com adição de fermento
1/2 xícara (40 g) de coco ralado
1/2 xícara (125 ml) de leitelho (buttermilk, ver DICAS)
1 xícara (150 g) de frutas vermelhas sortidas congeladas
1 1/2 xícara (250 ml) de creme de leite fresco
2 colheres (sopa) de açúcar de confeiteiro
1 colher (chá) de essência de coco
125 g de framboesas
1/2 xícara (25 g) de coco em flocos (ver DICAS)

**1** Preaqueça o forno a 160 °C. Use um pincel para untar bem uma fôrma de furo no meio com 24 cm de diâmetro e bordas altas com a manteiga derretida.
**2** Use um ralador fino ou um zester para raspar a casca dos limões. Reserve separadamente 2 colheres (chá) para a massa e 1 colher (chá) para o chantili de coco. Esprema 1 limão; você vai precisar de 2 colheres (sopa).
**3** Coloque a manteiga e o açúcar em uma tigela pequena e bata com uma batedeira portátil até obter um creme pálido e fofo. Adicione os ovos, um a um, até incorporar; pode ser que nesta etapa a massa fique com alguns grumos. Transfira para uma tigela grande e misture as farinhas peneiradas, o coco ralado, o leitelho, as frutas vermelhas congeladas, as raspas de casca reservadas e o suco do limão. Preencha a fôrma preparada e alise a supefície.
**4** Asse o bolo por 50 minutos ou até que um palito inserido no centro saia limpo. Deixe descansar na fôrma por 5 minutos antes de desenformar sobre uma grelha para esfriar.
**5** Enquanto isso, coloque o creme de leite em uma tigela metálica e junte o açúcar e o restante das raspas de casca de limão reservadas. Bata com uma batedeira portátil até obter picos moles. Misture delicadamente a essência de coco à mão.
**6** Espalhe metade do chantili de coco sobre o bolo e decore com as framboesas e o coco em flocos. Sirva acompanhado do restante do chantili de coco.

**DICA** No lugar dos flocos de coco, você pode cortar tiras de polpa de coco, como mostra a foto ao lado. Se não encontrar leitelho pronto, prepare uma versão caseira misturando 1/3 de iogurte natural desnatado e 2/3 de leite desnatado.
**FAÇA ANTES** Este bolo fica mais gostoso se assado no dia.

## MORANGOS

A época de morango no Brasil vai de junho a setembro. Nos meses de julho e agosto é que estão no auge — e, por isso, mais baratos. Em muitas receitas, você pode usar morangos congelados, em especial se forem misturados à massa, mas tome cuidado ao usá-los em coberturas, pois o excesso de água pode alterar sua consistência.

## Lavar MORANGOS

LAVE OS MORANGOS APENAS NA HORA DE UTILIZÁ-LOS, NÃO ANTES. SE FOR USÁ-LOS COM OS CABINHOS, ENXÁGUE BEM PARA REMOVER RESÍDUOS DE SUJEIRA E PESTICIDA; SEQUE-OS COM PAPEL-TOALHA. MIRTILOS E FRAMBOESAS NÃO PRECISAM SER LAVADOS. OBSERVE ATENTAMENTE AS FRAMBOESAS PARA VER SE NÃO RESTOU NENHUM INSETO OU PEDAÇO DE FOLHA ENTRE OS GOMINHOS.

**PARA DAR MAIS SABOR ÀS FRUTINHAS** *Na culinária, o suco de limão tem a mesma função do sal: pode ser utilizado para ressaltar e valorizar certos sabores. Adicione um pouco às frutinhas vermelhas se elas estiverem muito sem graça, além de um pouco de açúcar.*

## Como GUARDAR

As frutas vermelhas em geral são muito delicadas e perecíveis, então o ideal é usar em um ou dois dias. Se alguma fruta estragar, descarte-a rapidamente para evitar que o mofo se espalhe para as demais. Se sobrarem algumas, coloque-as em uma bandeja, separadas umas das outras, e leve ao congelador; depois de congeladas, podem ser armazenadas em um saco plástico hermético.

## BOLO

### FEITO NA VÉSPERA?

Qualquer bolo que seja coberto com creme ou cujo recheio leve muito creme fica mais gostoso se montado minutos antes de ser servido.

## CREMES COM POUCA GORDURA

Se você quiser opções menos calóricas para o seu bolo, experimente bater creme de leite fresco e iogurte grego em iguais proporções, ou até mesmo misturar ricota e um pouco de açúcar de confeiteiro até obter um creme liso.

## Creme chantili

PARA SE TRANSFORMAR EM CHANTILI, O CREME DE LEITE PRECISAR TER CERTO PERCENTUAL DE GORDURA, EM GERAL 35%; É POR ISSO QUE O CREME DE LEITE LIGHT NÃO SERVE PARA ESSA FINALIDADE. POR OUTRO LADO, É PRECISO TOMAR CUIDADO COM OS CREMES DE LEITE COM ALTO TEOR DE GORDURA (ACIMA DE 40%), POIS ELES PASSAM DO PONTO FACILMENTE, ENTÃO É MELHOR BATER À MÃO DO QUE USAR UMA BATEDEIRA PORTÁTIL. ALGUNS CREMES USADOS PARA FAZER CHANTILI POSSUEM GELATINA OU OUTROS ESTABILIZANTES EM SUA COMPOSIÇÃO PARA AJUDAR A MANTER A TEXTURA.

**MAÇARICO CULINÁRIO** *Um maçarico culinário ganha de longe de qualquer grill quando se trata de dourar o suspiro ou de caramelizar frutas. Esse utensílio pode ser encontrado em lojas de utilidades domésticas. Quando o recipiente estiver com pouco gás, tome cuidado para não agitá-lo muito, o que dificulta dirigir a chama para o lado certo. É melhor elevar o prato até a altura da chama.*

## PICOS PERFEITOS

O creme de leite fresco precisa estar bem gelado para a receita dar certo. Em dias quentes ou quando há muito creme para bater, deixe os batedores e a tigela (de preferência, de inox) no congelador por pelo menos 10 minutos. Sempre pare de bater logo antes de você achar que já está bom, pois o creme vai firmar ainda mais um pouco depois de pronto.

## MASCARPONE

A rigor, o mascarpone é um queijo, mas, por sua consistência macia, em geral é usado como creme. Sua textura varia conforme a marca; se o que você comprou é mais espesso, adicione um pouquinho de creme de leite fresco, mas tome cuidado para não bater demais e talhar.

# Bolo de framboesas
## COM CROCANTE DE AMÊNDOAS

TEMPO DE PREPARO + COZIMENTO **1 HORA 30 MINUTOS** RENDE **10 PORÇÕES**

**125 g de manteiga amolecida**
**1 1/4 de xícara (275 g) de açúcar de confeiteiro**
**1 colher (chá) de raspas da casca de limão-siciliano**
**2 colheres (chá) de essência de baunilha**
**3 ovos**
**1 xícara (150 g) de farinha de trigo comum**
**1/2 xícara (75g) de farinha de trigo com adição de fermento**
**1/4 de colher (chá) de bicarbonato de sódio**
**1/2 xícara (125 ml) de leite**
**125 g de framboesas**
**1 colher (chá) de açúcar de confeiteiro**

COBERTURA CROCANTE DE AMÊNDOAS
**1 xícara (150 g) de farinha de trigo comum**
**1/2 xícara (60 g) de farinha de amêndoa**
**1/3 de xícara (75 g) de açúcar demerara**
**1/3 de xícara (75 g) de açúcar**
**125 g de manteiga gelada cortada em cubos**
**1/4 de xícara (20 g) de aveia em flocos grossos**
**1/3 de xícara (25 g) de amêndoas laminadas**

**1** Preaqueça o forno a 180 °C. Unte uma fôrma de tubo e fundo removível com 20 cm de diâmetro e 10 cm de altura.
**2** Coloque a manteiga, o açúcar, as raspas de limão e a baunilha em uma tigela pequena e bata com uma batedeira portátil até obter um creme pálido e fofo. Adicione os ovos, um a um, até incorporar. Acrescente os ingredientes secos peneirados misturados ao leite e bata em velocidade baixa até incorporar. Aumente para velocidade média e bata por 1 minuto ou até obter uma massa lisa e pálida. Transfira para a fôrma preparada e alise a superfície.
**3** Asse o bolo por 20 minutos.
**4** Enquanto isso, prepare a cobertura crocante de amêndoas.
**5** Trabalhando rapidamente, espalhe as framboesas sobre o bolo, empurrando-as com delicadeza para dentro da massa. Cubra o bolo com a cobertura.
**6** Asse o bolo por mais 30 minutos ou até que um palito inserido no centro saia limpo. Deixe descansar na fôrma por 10 minutos antes de desenformar sobre uma grelha para esfriar. Polvilhe açúcar de confeiteiro por cima.

**COBERTURA CROCANTE DE AMÊNDOAS** Coloque a farinha de trigo, a farinha de amêndoa e os dois tipos de açúcar em uma tigela grande. Junte a manteiga gelada e misture com os dedos até obter uma farofa. Acrescente a aveia e as amêndoas e misture mais uma vez para formar grumos.

**FAÇA ANTES** Este bolo fica mais gostoso se assado no dia.

# Bolo de avelãs e sementes de papoula com mascarpone de framboesas

TEMPO DE PREPARO + COZIMENTO **2 HORAS (+DESCANSO)** RENDE **16 PORÇÕES**

**½ xícara (75 g) de sementes de papoula**
**1 xícara (250 ml) de leite**
**250 g de manteiga sem sal amolecida**
**2 xícaras (440 g) de açúcar**
**6 ovos**
**2 xícaras (300 g) de farinha de trigo com adição de fermento**
**2 xícaras (240 g) de farinha de avelã**
**1 xícara (240 g) de creme azedo (sour cream, ver GLOSSÁRIO)**
**500 g de queijo mascarpone**
**300 ml de creme de leite fresco**
**½ xícara (80 g) de açúcar de confeiteiro**
**200 g de chocolate meio amargo finamente picado**
**375 g de framboesas**

1 Preaqueça o forno a 160 °C. Unte duas fôrmas redondas de 20 cm de diâmetro e forre a base e as laterais com papel-manteiga.
2 Coloque as sementes de papoula e o leite em uma tigela pequena e deixe de molho por 15 minutos.
3 Coloque a manteiga e o açúcar em uma tigela média e bata com uma batedeira portátil por 6 minutos ou até obter um creme pálido e fofo. Adicione os ovos, um a um, até incorporar. Acrescente a farinha de trigo, a farinha de avelã, o creme azedo e a mistura de sementes de papoula e bata em velocidade baixa até incorporar. Divida a massa entre as fôrmas preparadas e alise a superfície.
4 Asse os bolos por 1h15 minutos, alternando as fôrmas entre as grades do forno na metade do tempo, ou até que um palito inserido no centro saia limpo. Deixe descansar nas fôrmas por 5 minutos antes de desenformar, com o topo para cima, sobre uma grelha coberta com papel-manteiga para esfriar.
5 Coloque o mascarpone, ½ xícara do creme de leite e o açúcar de confeiteiro peneirado em uma tigela média e bata com uma batedeira portátil até obter picos firmes.
6 Coloque o chocolate e o restante do creme de leite em uma caçarola pequena e leve ao fogo baixo, mexendo até derreter e ficar homogêneo. Deixe esfriar por 5 minutos.
7 Nivele os bolos e divida cada um em duas camadas (ver TÉCNICAS). Reserve 60 g de framboesas para decorar. Coloque uma camada de bolo em um suporte ou um prato, cubra com ⅓ do creme de mascarpone e espalhe ⅓ do resto das framboesas por cima. Repita o procedimento com o restante do bolo, do mascarpone e das framboesas, terminando com uma camada de bolo. Regue o bolo com a mistura de chocolate, espalhando bem e deixando que escorra um pouco pelas laterais. Decore com as framboesas reservadas.

TÉCNICAS Passo 1: ver ***"como forrar uma fôrma redonda"***, página 276. Passo 7: ver ***"como nivelar um bolo"***, página 277, e ***"como dividir um bolo em camadas iguais"***, página 277.
FAÇA ANTES Os bolos podem ser assados com até dois dias de antecedência e armazenados dentro de um recipiente hermético em temperatura ambiente.

# Bolo de limão e amoras COM CHANTILI DE AMORA

TEMPO DE PREPARO + COZIMENTO **1 HORA 30 MINUTOS (+RESFRIAMENTO)** RENDE **8 PORÇÕES**

**125 g de manteiga amolecida**
**$^3/_4$ de xícara (165 g) de açúcar**
**1 colher (sopa) de raspas da casca de limão-siciliano**
**2 ovos**
**1 xícara (150 g) de farinha de trigo com adição de fermento**
**$^1/_2$ xícara (60 g) de farinha de amêndoa**
**125 g de creme azedo (sour cream, ver GLOSSÁRIO)**
**150 g de amoras congeladas**
**2 colheres (sopa) de suco de limão-siciliano**
**2 colheres (sopa) de água**
**$^1/_3$ de xícara (75 g) de açúcar, extra**
**1 colher (sopa) de açúcar de confeiteiro**
**1 xícara (250 ml) de creme de leite fresco**

**1** Preaqueça o forno a 170 °C. Unte uma fôrma para bolo inglês com 11 cm x 26 cm e forre a base e as laterais mais compridas com papel-manteiga de modo que ultrapasse as bordas em 4 cm.
**2** Coloque a manteiga, o açúcar e a casca de limão em uma tigela grande e bata com uma batedeira portátil até obter um creme pálido e fofo. Adicione os ovos, um a um, até incorporar. Acrescente a farinha de trigo peneirada e depois a farinha de amêndoa e o creme azedo. Transfira metade da massa para a fôrma preparada e cubra com $^1/_4$ de xícara de amoras, empurrando-as com delicadeza para dentro da massa. Complete a fôrma com o restante da massa e mais $^1/_4$ de xícara de amoras. Alise a superfície e bata a fôrma com cuidado sobre a bancada de trabalho para assentar a massa.
**3** Asse o bolo por 1h10 ou até que um palito inserido no centro saia limpo. Deixe descansar na fôrma por 10 minutos.
**4** Enquanto isso, coloque o suco de limão, a água e o açúcar extra em uma caçarola pequena e leve ao fogo médio até dissolver o açúcar. Espere ferver e reduza para fogo baixo, cozinhando por 2 minutos. Desligue o fogo e deixe descansar por 5 minutos.
**5** Regue o bolo na fôrma com a calda ainda quente. Deixe descansar por mais 20 minutos antes de desenformar sobre uma grelha para esfriar completamente.
**6** Coloque o restante da amora (e seus sucos) e o açúcar de confeiteiro em uma tigela pequena. Deixe descongelar e amasse levemente com um garfo.
**7** Coloque o creme de leite em uma tigela grande e bata com uma batedeira portátil até obter picos moles.
**8** Espalhe o chantili sobre o bolo e regue com a mistura de amora, fazendo espirais para decorar.

**DICA** A fôrma utilizada nesta receita tem capacidade para 1,5 litro.
**FAÇA ANTES** Este bolo fica mais gostoso se assado no dia.

# Cheesecake de limão e mirtilos COM COBERTURA DE SUSPIRO

TEMPO DE PREPARO + COZIMENTO **1 HORA 50 MINUTOS (+REFRIGERAÇÃO E RESFRIAMENTO)** RENDE **12 PORÇÕES**

**250 g de biscoito de coco**
**60 g de manteiga derretida**
**375 g de cream cheese amolecido**
**$^3/_4$ de xícara (165 g) de açúcar**
**2 colheres (chá) de raspas da casca de limão-siciliano**
**2 ovos, claras e gemas separadas**
**1 colher (sopa) de amido de milho**
**250 g de queijo mascarpone**
**2 colheres (sopa) de suco de limão-siciliano**
**250 g de creme de limão gelado (ver DICAS)**
**250 g de mirtilos frescos**
**1 colher (chá) de açúcar de confeiteiro**

**SUSPIRO**
**6 claras**
**1$^3/_4$ xícara (385 g) de açúcar**

**1** Preaqueça o forno a 150 °C.
**2** Bata o biscoito no processador até obter uma farinha fina. Junte a manteiga e bata o suficiente para incorporar. Espalhe essa mistura na base de uma fôrma de fundo removível com 22 cm de diâmetro, fazendo uma camada uniforme. Pressione um copo liso sobre a massa levemente para nivelar. Leve à geladeira para firmar até a hora de usar.
**3** Coloque o cream cheese, o açúcar, as raspas de limão, as gemas e o amido de milho em uma tigela grande e bata com uma batedeira portátil até ficar homogêneo. Junte o mascarpone e o suco de limão e bata apenas para incorporar.
**4** Coloque as claras em uma tigela metálica pequena e bata com uma batedeira portátil até formar picos moles. Adicione aos poucos o restante do açúcar, batendo até dissolver completamente. Junte as claras batidas à tigela com o cream cheese, misturando à mão. Espalhe sobre a massa.
**5** Asse o cheesecake por 50 minutos ou até que o centro firme ligeiramente. Deixe esfriar no forno com a porta entreaberta.
**6** Retire o cheesecake da fôrma e transfira para um prato de servir. Espalhe o creme de limão por cima e cubra com $^2/_3$ dos mirtilos.
**7** Prepare o suspiro.
**8** Encha um saco de confeiteiro montado com um bico chato de 1 cm com $^1/_3$ do suspiro e cubra a lateral com finas faixas; se sobrar suspiro dentro do saco, coloque de volta na tigela. Disponha colheradas de suspiro sobre os mirtilos (ver como modelar quenelles na página 159). Usando um maçarico culinário, doure levemente o suspiro. Decore o cheesecake com o restante dos mirtilos e polvilhe o açúcar de confeiteiro por cima.

**SUSPIRO** Coloque as claras e o açúcar em uma tigela metálica grande e bata com uma batedeira portátil por 8 minutos até ficar espesso e brilhante.

**DICAS** A receita original utiliza biscoitos com alto teor de gordura, portanto talvez seja necessário acrescentar um pouco de manteiga derretida à massa para dar liga; alguns tipos de biscoitos doces podem precisar de até 125 g de manteiga.
Para preparar o creme de limão, use a receita da página 50.
O maçarico culinário pode ser encontrado em lojas de utilidades domésticas. Para servir, fatie o cheesecake com uma faca sem serra e limpe a lâmina com papel-toalha depois de cada corte.
**FAÇA ANTES** O cheesecake pode ser preparado com um dia de antecedência e mantido na geladeira. Deixe chegar à temperatura ambiente antes de servir.

# Cheesecake de limão e mirtilos
# COM COBERTURA DE SUSPIRO

[RECEITA NA PÁGINA 156]

PARA A MASSA DE BISCOITO

Use um copo liso ou uma garrafa para pressionar a massa com firmeza e nivelá-la na fôrma.

PARA O CHEESECAKE

Junte o mascarpone e o suco de limão à mistura de cream cheese usando uma colher de metal para incorporar os ingredientes e fazendo movimentos suaves de baixo para cima.

PARA A CAMADA DE CREME DE LIMÃO E MIRTILOS

Desenforme o cheesecake, retirando o aro da fôrma. Você pode mantê-lo sobre a base ou transferir para um prato de servir. Espalhe o creme de limão sobre o cheesecake, formando uma camada uniforme, e depois cubra com os mirtilos.

PARA AS QUENELLES DE SUSPIRO
Use uma colher de sobremesa para apanhar uma porção de suspiro. Posicione outra colher, de cabeça para baixo, sobre o suspiro. Passe a colher por cima do suspiro e deslize-a para baixo, fazendo um movimento de rotação para modelar a quenelle e transferi-la para a segunda colher. Deslize a primeira colher pela base da quenelle para soltá-la e empurrá-la com cuidado sobre o topo do cheesecake.

PARA DOURAR O SUSPIRO
Antes de começar, certifique-se de que não há nada inflamável perto da superfície de trabalho e de que o prato ou o suporte sobre o qual está o cheesecake é refratário. Segure o maçarico a cerca de 20 cm de distância do suspiro, dirigindo a chama primeiro para a lateral. Faça movimentos lentos de vaivém ao redor do cheesecake e depois sobre o topo, até que o suspiro esteja ligeiramente dourado por igual.

PARA SERVIR
Fatie o cheesecake com uma faca, limpando a lâmina depois de cada corte com papel-toalha.

# Bolo de frangipane COM MARACUJÁ E MORANGOS

TEMPO DE PREPARO + COZIMENTO **50 MINUTOS (+REFRIGERAÇÃO E RESFRIAMENTO)** RENDE **12 PORÇÕES**

**200 g de manteiga amolecida**
**$^2/_3$ de xícara (150 g) de açúcar**
**2 colheres (chá) de raspas da casca de laranja**
**1 ovo**
**$^1/_2$ xícara (60 g) de farinha de amêndoa**
**$^1/_2$ xícara (75 g) de farinha de trigo com adição de fermento**
**$^1/_4$ de xícara (35 g) de farinha de trigo**
**$^1/_4$ de xícara (45 g) de farinha de arroz**
**$^1/_2$ xícara (40 g) de amêndoas laminadas**
**$^2/_3$ de xícara (180 ml) de creme de leite fresco**
**$^1/_4$ de xícara (60 g) de crème fraîche (ver GLOSSÁRIO)**
**$^1/_4$ de xícara de polpa de maracujá (ver DICA)**

MORANGOS LICOROSOS
**375 g de morangos cortados ao meio**
**2 colheres (sopa) de licor de laranja**
**2 colheres (sopa) de açúcar**

1 Prepare os morangos licorosos.
2 Preaqueça o forno a 180 °C. Unte uma fôrma de fundo falso retangular de 12 cm x 35 cm.
3 Coloque a manteiga, o açúcar e a casca de laranja em uma tigela média e bata com uma batedeira portátil até ficar homogêneo. Junte o ovo e bata mais um pouco. Misture à mão a farinha de amêndoa e os outros tipos de farinha peneirados. Espalhe a massa na fôrma preparada e cubra com as amêndoas laminadas, pressionando com firmeza.
4 Asse o bolo por 30 minutos ou até que um palito inserido no centro saia limpo. Deixe esfriar na fôrma.
5 Coloque o creme de leite e o crème fraîche em uma tigela pequena e bata com uma batedeira portátil até obter picos moles.
6 Escorra os morangos e reserve o líquido. Misture o maracujá ao xarope reservado.
7 Disponha o bolo em um prato comprido. Pouco antes de servir, cubra com a mistura de creme e decore com os morangos. Regue tudo com o xarope de maracujá.

**MORANGOS LICOROSOS** Misture todos os ingredientes em uma tigela média e leve à geladeira por 1 hora, mexendo de vez em quando.

**DICA** Você vai precisar de cerca de 3 maracujás para esta receita.
**FAÇA ANTES** O bolo pode ser preparado com um dia de antecedência e guardado dentro de um recipiente hermético em temperatura ambiente. Decore o bolo pouco antes de servir.

FABULOSOS

# Gengibre & Especiarias

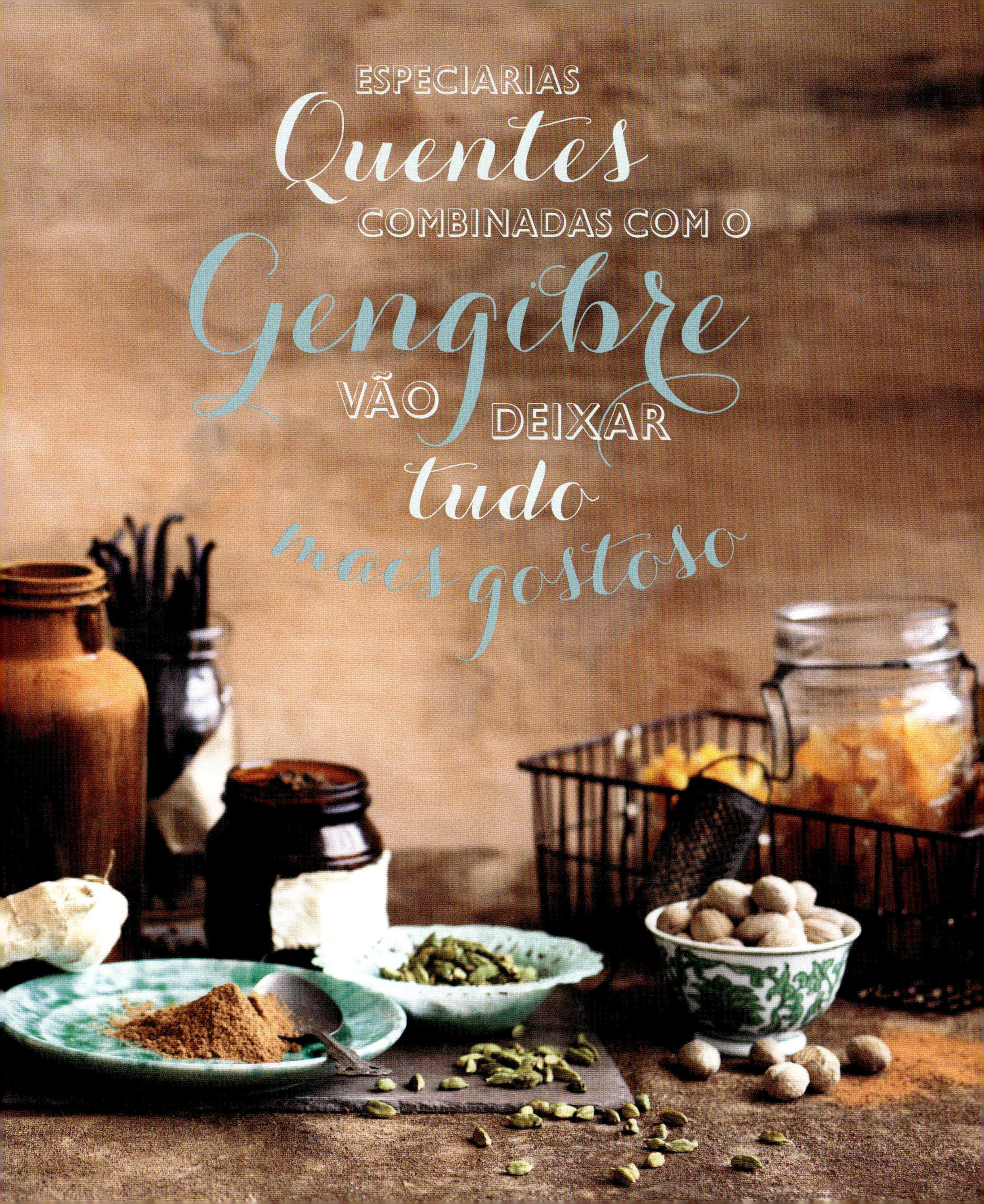
ESPECIARIAS
Quentes
COMBINADAS COM O
Gengibre
VÃO DEIXAR
tudo
mais gostoso

# Bolo de especiarias COM COBERTURA DE MEL

TEMPO DE PREPARO + COZIMENTO **1 HORA 45 MINUTOS (+RESFRIAMENTO E REFRIGERAÇÃO)** RENDE **12 PORÇÕES**

**3/4 de xícara (180 ml) de leite**
**1 fava de baunilha cortada ao meio no sentido do comprimento (ver TÉCNICAS)**
**4 saquinhos de chá preto estilo chai**
**150 g de manteiga amolecida**
**1 xícara (220g) de açúcar mascavo (ver DICA)**
**3 ovos**
**2 xícaras (300 g) de farinha de trigo com adição de fermento**
**1/2 colher (chá) de canela em pó**
**1/4 de colher (chá) de cardamomo em pó**
**60 g de gengibre cristalizado finamente picado**
**2 colheres (sopa) de mel**

XAROPE DE GENGIBRE
**um pedaço de 3 cm de gengibre fresco ralado**
**2 colheres (sopa) de açúcar**
**1/3 de xícara (80 ml) de água**

COBERTURA DE MEL
**1 1/2 xícara (240 g) de açúcar de confeiteiro**
**500 g de cream cheese amolecido**
**125 g de manteiga amolecida**
**1/3 de xícara (115 g) de mel**

1 Preaqueça o forno a 180 °C. Unte uma fôrma redonda de bordas altas com 20 cm de diâmetro e forre a base e as laterais com três folhas de papel-manteiga.
2 Coloque o leite em uma panelinha e leve para ferver. Retire do fogo. Raspe as sementes da fava de baunilha e adicione ao leite. Junte também a fava e os saquinhos de chá. Deixe em infusão por 5 minutos. Descarte a fava e os saquinhos de chá.
3 Coloque a manteiga e o açúcar em uma tigela pequena e bata com uma batedeira portátil até obter um creme pálido e fofo. Adicione os ovos, um a um, batendo a cada adição. Misture à mão a farinha peneirada, a canela, o cardamomo e o leite aromatizado. Transfira para a fôrma preparada.
4 Asse o bolo por 50 minutos ou até que um palito inserido no centro saia limpo. Deixe descansar na fôrma por 15 minutos antes de desenformar, com o topo para cima, sobre uma grelha para esfriar.
5 Enquanto isso, prepare o xarope de gengibre e depois a cobertura de mel.
6 Divida o bolo em três camadas (ver TÉCNICAS). Coloque a parte de baixo do bolo em um prato ou um suporte, pincele 1/3 do xarope de gengibre e depois espalhe 1/3 da cobertura de mel. Cubra com a parte do meio do bolo, pincele mais 1/3 do xarope e espalhe mais 1/3 da cobertura. Pincele o restante do xarope na parte de baixo da última camada de bolo e finalize a montagem. Espalhe o restante da cobertura, decore com o gengibre cristalizado e regue com o mel.

**XAROPE DE GENGIBRE** Coloque todos os ingredientes em uma caçarola pequena e leve ao fogo baixo, sem ferver, mexendo até dissolver o açúcar. Deixe levantar fervura e cozinhe por 1 minuto, sem mexer. Coe o xarope em uma jarra e descarte o gengibre.

**COBERTURA DE MEL** Bata todos os ingredientes no processador até incorporar bem e formar um creme liso. Leve à geladeira por 20 minutos ou até firmar.

**DICA** Aperte bem o açúcar mascavo na xícara medidora para obter a quantidade certa pedida na receita.
**TÉCNICAS** Passo 1: ver ***"como forrar uma fôrma redonda"***, página 276. Passo 2: ver ***"como utilizar favas de baunilha"***, página 276. Passo 6: ver ***"como dividir um bolo em camadas iguais"***, página 277.
**FAÇA ANTES** Este bolo fica mais gostoso se assado no dia, mas pode ser montado com até 4 horas de antecedência do momento de servir; mantenha-o coberto dentro da geladeira.

Parfait indiano com xarope de figo e especiarias
[RECEITA NAS PÁGINAS 170 E 171]

# Parfait indiano
## COM XAROPE DE FIGO E ESPECIARIAS

TEMPO DE PREPARO + COZIMENTO **1 HORA (+RESFRIAMENTO, REFRIGERAÇÃO E CONGELAMENTO)** RENDE **6 PORÇÕES**

*Você vai precisar de uma caixa de leite vazia com capacidade para 1 litro para moldar o parfait. Como alternativa, use uma fôrma retangular de bolo inglês com a mesma capacidade.*

$1\frac{1}{2}$ xícara (375 ml) de leite
$2\frac{1}{2}$ colheres (sopa) de folhas de chá preto de boa qualidade
2 anises-estrelados
10 cravos-da-índia
um pau de canela quebrado ao meio
2 bagas de cardamomo esmagadas
um pedaço de 2 cm de gengibre fresco finamente ralado
$1\frac{1}{4}$ xícara (300 ml) de creme de leite fresco
8 gemas
$\frac{1}{2}$ xícara (110 ml) de açúcar
2 biscoitos de gengibre (30 g) esmigalhados (ver DICAS)
2 colheres (sopa) de pistache sem casca grosseiramente picado
$\frac{1}{4}$ de xícara (35 g) de gengibre cristalizado grosseiramente picado

XAROPE DE FIGO E ESPECIARIAS
$\frac{1}{2}$ xícara (110 g) de açúcar mascavo (ver DICAS)
$\frac{1}{2}$ xícara (125 ml) de água
3 bagas de cardamomo
4 grãos de pimenta-do-reino preta
6 cravos-da-índia
6 pimentas-da-jamaica
1 anis-estrelado
um pau de canela quebrado ao meio
100 g de figo seco
2 colheres (chá) de suco de laranja espremido na hora

1 Aqueça o leite em uma caçarola grande de fundo grosso até quase ferver. Retire do fogo e misture o chá, as especiarias e o gengibre. Deixe em infusão por 15 minutos e coe, descartando os sólidos.
2 Coloque o leite de volta na panela e misture o creme de leite. Aqueça até quase ferver. Enquanto isso, coloque as gemas e o açúcar em uma tigela média e bata até obter uma mistura clara. Despeje o leite quente sobre a mistura de gemas, mexendo sempre até incorporar. Coloque a mistura de volta na panela e leve ao fogo baixo, mexendo constantemente até o creme engrossar o suficiente para cobrir as costas de uma colher; não deixe ferver.
3 Despeje o creme em uma tigela média e coloque-a dentro de uma tigela maior cheia de gelo. Mexa o creme por alguns minutos até amornar. Cubra a superfície com filme de PVC e leve à geladeira para esfriar.
4 Bata o creme frio em uma sorveteira elétrica segundo as instruções do fabricante. A 5 minutos do final do processo, acrescente o biscoito, o pistache e o gengibre cristalizado. Bata por mais 5 minutos ou até misturar tudo.
5 Despeje o sorvete em uma caixa de leite limpa com capacidade para 1 litro e cubra a parte de cima. Leve ao congelador por 6 horas ou de um dia para o outro (mantenha a caixa na posição vertical).
6 Prepare o xarope de figo e especiarias.
7 Na hora de servir, retire o parfait do congelador e corte a caixa de leite. Disponha em um prato com bordas e regue com o xarope de figo e especiarias.

**XAROPE DE FIGO E ESPECIARIAS** Coloque todos os ingredientes, exceto o suco de laranja, em uma caçarola pequena de fundo grosso e leve ao fogo baixo. Mexa por 1 minuto, até dissolver o açúcar. Aumente o fogo, espere levantar fervura e então reduza para fogo baixo. Cozinhe por 12 minutos ou até o figo ficar macio e o xarope engrossar um pouco. Deixe esfriar e então acrescente o suco de laranja. Corte metade dos figos ao meio.

**DICAS** Aperte bem o açúcar mascavo na xícara medidora para obter a quantidade certa pedida na receita. Para esmigalhar os biscoitos, coloque-os em uma tigela de plástico ou metal e use um socador ou a ponta de um rolo de massa para amassá-los; peneire para remover as migalhas maiores. Evite morder as especiarias do xarope, pois elas servem apenas para decorar e deixar os figos deliciosos.
**FAÇA ANTES** O parfait pode ser preparado com um dia de antecedência.

[FOTOS NAS PÁGINAS 168 E 169]

# Rocambole de especiarias
## RECHEADO COM RUIBARBO ASSADO

TEMPO DE PREPARO + COZIMENTO **45 MINUTOS (+RESFRIAMENTO)** RENDE **10 PORÇÕES**

5 ovos, claras e gemas separadas
$^2/_3$ de xícara (150 g) de açúcar
1$^1/_2$ colher (sopa) de água quente
80 g de chocolate branco finamente ralado
$^2/_3$ de xícara (100 g) de farinha de trigo com adição de fermento
1 colher (chá) de canela em pó
$^1/_2$ colher (chá) de noz-moscada em pó
$^1/_4$ de colher (chá) de cravo em pó
$^1/_4$ de colher (chá) de cardamomo em pó
$^1/_4$ de xícara (55 g) de açúcar, extra

RUIBARBO ASSADO
500 g de ruibarbo sem as pontas cortado em pedaços de 5 cm de comprimento (ver DICAS)
$^1/_3$ de xícara (75 g) de açúcar mascavo (ver DICAS)
2 colheres (chá) de raspas da casca de laranja
1 colher (sopa) de suco de laranja
um pedaço de 2,5 cm de gengibre fresco ralado

CREME DE MASCARPONE
$^1/_2$ xícara (125 ml) de creme de leite fresco
1 xícara (250 g) de queijo mascarpone

1 Preaqueça o forno a 200 °C. Unte uma assadeira de 26 cm x 32 cm e bordas baixas. Forre a base e as laterais mais compridas com papel-manteiga de forma que o papel ultrapasse as bordas em 5 cm. Isso vai facilitar na hora de enrolar o rocambole mais tarde.
2 Coloque as gemas e o açúcar em uma tigela média e bata com uma batedeira portátil por 5 minutos ou até ficar bem espesso. Despeje a água quente na tigela e acrescente o chocolate. Misture delicadamente a farinha peneirada e as especiarias até ficar homogêneo. Transfira para uma tigela média.
3 Coloque as claras em uma tigela metálica média e bata com uma batedeira portátil até obter picos moles. Despeje as claras em neve na tigela da massa em duas levas, misturando à mão até incorporar tudo. Espalhe a massa na assadeira preparada.
4 Asse o pão de ló por 12 minutos ou até dourar e a massa ficar fofinha quando pressionada de leve.
5 Enquanto isso, corte um pedaço de papel-manteiga um pouco maior do que a assadeira e coloque sobre a superfície de trabalho. Polvilhe com o açúcar extra por igual. Desenforme o pão de ló ainda quente, virando sobre o papel preparado. Remova o papel usado para forrar a assadeira e apare as bordas desiguais com uma faca afiada. Trabalhando rapidamente com a ajuda do papel, enrole o pão de ló a partir da lateral mais comprida. Deixe esfriar por 5 minutos. Desenrole, remova o papel e enrole de novo. Cubra com um pano limpo e deixe esfriar.
6 Prepare o ruibarbo assado e o creme de mascarpone.
7 Desenrole o pão de ló já frio e espalhe o creme de mascarpone, deixando uma borda de 2,5 cm em todos os lados. Por cima do creme, espalhe o ruibarbo. Enrole novamente para fechar o recheio. Sirva o rocambole regado com o líquido do cozimento do ruibarbo.

**RUIBARBO ASSADO** Misture bem todos os ingredientes em uma tigela média, depois transfira para um refratário pequeno e raso. Leve ao forno para assar por 10 minutos, mexendo na metade do tempo, ou até o ruibarbo ficar macio.

**CREME DE MASCARPONE** Coloque o creme de leite e o mascarpone em uma tigela pequena e bata com uma batedeira portátil até obter picos moles.

**DICAS** O ruibarbo é um caule de aspecto semelhante ao salsão, mas com coloração avermelhada. Seu sabor é azedinho e ao mesmo tempo levemente adocicado, por isso pode ser substituído por diversos tipos de frutas vermelhas. Depois de cozido, fica com uma consistência parecida com a da maçã e da pera, então você também pode usá-las como alternativa. Aperte bem o açúcar mascavo na xícara medidora para obter a quantidade certa pedida na receita.
**FAÇA ANTES** Este bolo fica mais gostoso se assado no dia.

la Mode à tout prix 1943

# Rocambole de especiarias
## RECHEADO COM RUIBARBO ASSADO

[RECEITA NA PÁGINA 172]

PARA PENEIRAR FARINHA E ESPECIARIAS
Antes de acrescentar a farinha e as especiarias à massa, peneire-as juntas para que elas se misturem bem.

PARA ENROLAR O ROCAMBOLE
Com o pão de ló ainda quente e a ajuda do papel-manteiga, enrole o rocambole começando pela lateral mais comprida; deixe por 5 minutos e desenrole. Fazer isso facilita enrolar o rocambole, depois de frio e recheado, sem quebrar.

PARA ASSAR O RUIBARBO
Corte o ruibarbo sem as folhas em pedaços de 5 cm de comprimento. Se algum pedaço ficar muito mais largo do que os outros, corte-o ao meio no sentido do comprimento. Arrume os pedaços de ruibarbo em um refratário grande o suficiente apenas para colocar todos os ingredientes em uma única camada. Leve para assar, misturando na metade do tempo do cozimento.

PARA O CREME
DE MASCARPONE

Bata o creme de leite e o mascarpone juntos até formar picos moles. Tome cuidado para não bater demais.

PARA MONTAR O ROCAMBOLE

O rocambole não vai ficar retinho depois de desenrolado, então, na hora de espalhar o creme de mascarpone, atente para cobrir também a parte que fica dentro da dobra. Disponha os pedaços de ruibarbo sobre o creme, arrumando alguns também dentro da dobra. Enrole o rocambole de novo, com o auxílio do papel.

PARA SERVIR

Se houver áreas úmidas sobre o rocambole, cubra-as com mais açúcar. Sirva imediatamente, cortado em fatias.

# Bolo de gengibre

TEMPO DE PREPARO + COZIMENTO **1 HORA 45 MINUTOS (+RESFRIAMENTO)** RENDE **10 PORÇÕES**

**180 g de manteiga cortada em cubos**
**$^1/_3$ de xícara (75 g) de açúcar mascavo (ver DICAS)**
**1 xícara (175 g) de melado**
**1 xícara (250 ml) de leite**
**$1^1/_2$ colher (chá) de bicarbonato de sódio**
**$1^2/_3$ de xícara (300 g) de farinha de trigo**
**3 colheres (chá) de gengibre em pó**
**$1^1/_2$ colher (chá) de pimenta-da-jamaica em pó**
**$^3/_4$ de xícara (165 g) de gengibre cristalizado picado**
**2 ovos ligeiramente batidos**
**$^1/_4$ de colher (chá) de gengibre em pó, extra**

GLACÊ
**$^1/_3$ de xícara (85 ml) de água**
**2 colheres (sopa) de açúcar mascavo (ver DICAS)**
**20 g de manteiga**
**1 xícara (160 g) de açúcar de confeiteiro**
**3 colheres (chá) de suco de limão-siciliano**

**1** Preaqueça o forno a 160 °C. Unte uma fôrma de bolo inglês de 15 cm x 23,5 cm x 9 cm. Forre a base e as laterais com papel-manteiga de modo que o papel ultrapasse as bordas em 5 cm.
**2** Coloque a manteiga, o açúcar, o melado e o leite em uma caçarola grande e leve ao fogo médio, mexendo até derreter a manteiga e dissolver o açúcar. Espere ferver; a mistura pode parecer talhada nesta etapa. Retire do fogo e junte o bicarbonato.
**3** Peneire a farinha e as especiarias em uma tigela grande; junte a mistura de manteiga e o gengibre cristalizado, mexendo o suficiente apenas para incorporar. Adicione os ovos batidos e misture mais uma vez. Transfira a massa para a fôrma preparada. Cubra com um pedaço de papel-alumínio com uma prega no meio (ver DICAS).
**4** Asse o bolo por 1 hora. Retire o papel-alumínio e asse por mais 30 minutos ou até que um palito inserido no centro saia com algumas migalhas úmidas; o bolo vai ficar com uma fenda no topo, mas não tem problema. Deixe esfriar na assadeira.
**5** Prepare o glacê e utilize imediatamente, cobrindo todo o bolo já frio. Deixe descansar até firmar.
**6** Sirva o bolo polvilhado com o restante do gengibre em pó.

**GLACÊ** Coloque a água e o açúcar mascavo em uma caçarola pequena e leve ao fogo médio até ferver. Cozinhe por 6 minutos ou até o volume se reduzir a 2 colheres (sopa). Retire do fogo; acrescente a manteiga e misture até derreter. Transfira para uma tigela pequena e adicione o açúcar de confeiteiro peneirado e 2 colheres (chá) do suco, mexendo até ficar homogêneo. Despeje o restante do suco aos poucos, se necessário, para afinar o glacê.

**DICAS** Aperte bem o açúcar mascavo na xícara medidora para obter a quantidade certa pedida na receita. A fôrma utilizada tem capacidade para 3 litros (12 xícaras). A prega no papel-alumínio permite que o bolo cresça enquanto assa; para fazer a prega, corte um pedaço de papel-alumínio um pouco maior do que a fôrma e dobre de maneira a criar uma prega no centro.
**FAÇA ANTES** O bolo, sem cobertura, pode ser feito com um dia de antecedência e armazenado dentro de um recipiente hermético em temperatura ambiente.

# Bolo invertido DE ABACAXI E GENGIBRE com creme azedo

TEMPO DE PREPARO + COZIMENTO **1 HORA 45 MINUTOS (+RESFRIAMENTO)** RENDE **16 PORÇÕES**

**250 g de manteiga amolecida**
**$1^3/_4$ de xícara (385 g) de açúcar mascavo (ver DICA)**
**5 ovos**
**1 xícara (240 g) de creme azedo (sour cream, ver GLOSSÁRIO)**
**2 xícaras (300 g) de farinha de trigo**
**$^1/_2$ xícara (75 g) de farinha de trigo com adição de fermento**
**1 colher (sopa) de gengibre em pó**
**1 colher (chá) de canela em pó**
**$^1/_2$ colher (chá) de cravo em pó**
**um pedaço de 4 cm de gengibre fresco finamente fatiado**

ABACAXI CARAMELIZADO
**1 abacaxi médio maduro (1,25 kg)**
**85 g de manteiga**
**$^3/_4$ de xícara (165 g) de açúcar mascavo (ver DICA)**

1 Prepare o abacaxi caramelizado.
2 Preaqueça o forno a 170 °C. Unte uma fôrma quadrada de 22 cm e bordas altas e forre a base e as laterais com papel-manteiga de modo que o papel ultrapasse 5 cm para cima das bordas.
3 Disponha o abacaxi caramelizado, sobrepondo as fatias ligeiramente até cobrir todo o fundo da fôrma. Regue o abacaxi com a calda reservada.
4 Coloque a manteiga e o açúcar em uma tigela média e bata com uma batedeira portátil até obter um creme pálido e fofo. Adicione os ovos, um a um, batendo a cada adição. Misture à mão o creme azedo e os ingredientes secos peneirados. Espalhe a massa sobre o abacaxi. Dê leves batidinhas nas laterais da fôrma para eliminar eventuais bolhas de ar.
5 Asse o bolo por 1h25 ou até que um palito inserido no centro saia limpo.
6 Enquanto isso, adicione o gengibre à calda reservada na panela e leve ao fogo alto até ferver. Passe para fogo baixo e cozinhe por 5 minutos ou até engrossar e ficar licoroso.
7 Deixe descansar na fôrma por 5 minutos antes de desenformar sobre um prato ou um suporte para bolo. Pincele o abacaxi com um pouco da calda morna. Sirva o bolo ainda morno com o restante da calda.

ABACAXI CARAMELIZADO Corte a coroa e a base do abacaxi e descasque. Corte em quatro partes no sentido do comprimento e retire o miolo. Corte cada parte no sentido da largura em 12 fatias de 5 mm de espessura, obtendo assim 48 fatias (ver TÉCNICAS). Coloque a manteiga e o açúcar em uma frigideira e leve ao fogo baixo, misturando até dissolver o açúcar. Acrescente metade do abacaxi e cozinhe, virando as fatias de fruta, por 3 minutos até ficar macio. Retire o abacaxi da frigideira com uma escumadeira e reserve para esfriar. Repita o procedimento com o restante do abacaxi. Reserve a calda na frigideira.

**DICA** Aperte bem o açúcar mascavo na xícara medidora para obter a quantidade certa pedida na receita.
**TÉCNICAS** Passo 1: ver ***"como fatiar um abacaxi"***, página 276. Passo 2: ver ***"como forrar uma fôrma quadrada"***, página 276.
**FAÇA ANTES** Este bolo fica mais gostoso se assado no dia.

# Bolo de gengibre E ABÓBORA

TEMPO DE PREPARO + COZIMENTO **2 HORAS 15 MINUTOS (+DESCANSO)** RENDE **12 PORÇÕES**

185 g de manteiga amolecida
2 colheres (chá) de extrato de baunilha
um pedaço de 5 cm de gengibre fresco finamente ralado
1 $^1/_4$ de xícara (275 g) de açúcar mascavo (ver DICAS)
3 ovos
3 xícaras (450 g) de farinha de trigo com adição de fermento
3 colheres (chá) de gengibre em pó
1 colher (chá) de canela em pó
$^1/_2$ colher (chá) de noz-moscada em pó
$^1/_4$ de colher (chá) de cravo em pó
$^1/_4$ de colher (chá) de sal
$^3/_4$ de colher (chá) de bicarbonato de sódio
1 xícara (250 ml) de leitelho (buttermilk, ver DICAS)
1 $^1/_2$ xícara (350 g) de abóbora-cheirosa cozida e amassada (ver DICAS)
2 colheres (sopa) de gengibre cristalizado finamente fatiado
2 colheres (sopa) de nozes-pecãs tostadas grosseiramente picadas

CALDA DE CARAMELO
60 g de manteiga
$^1/_2$ xícara (110 g) de açúcar mascavo (ver DICAS)
2 colheres (sopa) de água
2 colheres (sopa) de rum escuro

1 Preaqueça o forno a 180 °C. Unte uma fôrma de furo no meio e bordas altas de 22 cm de diâmetro.

2 Coloque a manteiga, a baunilha, o gengibre ralado e o açúcar em uma tigela grande e bata com uma batedeira portátil até obter um creme pálido e fofo. Adicione os ovos, um a um, batendo a cada adição. Misture à mão a farinha peneirada, as especiarias, o sal, o bicarbonato e o leitelho em duas levas, até incorporar. Junte a abóbora. Transfira a mistura para a fôrma preparada; a massa deve preencher quase toda a capacidade.

3 Asse o bolo na grade mais baixa do forno por 50 minutos ou até que um palito inserido no centro saia limpo. Deixe descansar na fôrma por 15 minutos antes de desenformar sobre uma grelha para esfriar. Nivele a base do bolo, se necessário (ver TÉCNICAS).

4 Prepare a calda de caramelo.

5 Coloque o bolo em um prato ou um suporte; regue com a calda. Decore com o gengibre cristalizado e as pecãs. Sirva morno ou frio.

CALDA DE CARAMELO Coloque a manteiga, o açúcar e a água em uma caçarola pequena e leve ao fogo baixo, sem deixar ferver, mexendo sempre até derreter a manteiga e dissolver o açúcar. Espere ferver e cozinhe por 3 minutos ou até a calda engrossar. Retire do fogo e acrescente o rum. Deixe esfriar por 5 minutos para encorpar.

**DICAS** Aperte bem o açúcar mascavo na xícara medidora para obter a quantidade certa pedida na receita. Se não encontrar leitelho pronto, prepare uma versão caseira misturando $^1/_3$ de iogurte natural desnatado e $^2/_3$ de leite desnatado. Você vai precisar de 1 kg de abóbora crua para obter a quantidade necessária para esta receita. Uma opção para decorar o bolo é utilizar cristais de gengibre, disponíveis em lojas de produtos naturais ou orientais.

**TÉCNICAS** Passo 3: ver ***"como nivelar um bolo"***, página 277.

**FAÇA ANTES** Tanto o bolo quando a calda podem ser preparados com um dia de antecedência e guardados separadamente em temperatura ambiente.

Bolinhos de iogurte com calda de açafrão e mel
[RECEITA NAS PÁGINAS 184 E 185]

# Bolinhos de iogurte COM CALDA DE AÇAFRÃO E MEL

TEMPO DE PREPARO + COZIMENTO **1 HORA 15 MINUTOS (+REFRIGERAÇÃO E DESCANSO)** RENDE **12 PORÇÕES**

*Comece esta receita no dia anterior.*

$^1/_4$ de colher (chá) de pistilos de açafrão
2 colheres (chá) de suco de limão-siciliano
1 fava de baunilha
200 g de manteiga orgânica sem sal amolecida cortada em cubos (ver DICA)
2 colheres (chá) de raspas da casca de limão-siciliano
$^3/_4$ de xícara (165 g) de açúcar
3 ovos, gemas e claras separadas
1$^2/_3$ xícara (250 g) de farinha de trigo com adição de fermento
1 xícara (280 g) de iogurte grego
$^1/_3$ de xícara (55 g) de amêndoa tostada picada

COALHADA DOCE DE BAUNILHA
1 fava de baunilha
1 kg de iogurte grego
$^1/_2$ colher (chá) de sal
$^1/_3$ de xícara (115 g) de mel

CALDA DE AÇAFRÃO E MEL
$^1/_4$ de colher (chá) de pistilos de açafrão
$^3/_4$ de xícara (180 ml) de água
$^1/_4$ de xícara (90 g) de mel
$^3/_4$ de xícara (165 g) de açúcar
2 tiras de casca de limão-siciliano
$^1/_3$ de xícara (80 ml) de suco de limão-siciliano
6 cravos-da-índia
2 paus de canela

**1** Prepare a coalhada doce de baunilha.
**2** Coloque o açafrão e o suco de limão em uma tigelinha e deixe em infusão por 20 minutos.
**3** Enquanto isso, preaqueça o forno a 180 °C. Unte uma fôrma para muffins com 12 cavidades ovais (ou duas fôrmas com 6 cavidades cada) e forre o fundo com papel-manteiga.
**4** Corte a fava de baunilha no sentido do comprimento, raspe as sementes e coloque-as em uma tigela pequena (ver TÉCNICAS); reserve a fava para a calda de açafrão. Junte a manteiga, as raspas do limão e o açúcar e bata com uma batedeira portátil até obter um creme pálido e fofo. Adicione as gemas, uma a uma, batendo a cada adição. Transfira para uma tigela grande. Misture à mão a farinha e o iogurte em duas levas, alternando os ingredientes. Acrescente a infusão de açafrão.

5 Coloque as claras em uma tigela metálica pequena e bata com uma batedeira portátil, até obter picos moles. Junte à massa em duas levas, delicadamente. Preencha cada cavidade da fôrma preparada com $\frac{1}{3}$ de xícara de massa.
6 Asse os bolinhos por 25 minutos ou até que um palito inserido no centro saia limpo.
7 Enquanto isso, prepare a calda de açafrão e mel.
8 Desenforme os bolinhos ainda quentes, com o topo para cima, em uma grelha colocada sobre uma assadeira grande. Pincele a calda quente sobre os bolinhos ainda quentes. Sirva acompanhado da coalhada doce e salpicado com a amêndoa e regue com o restante da calda.

**COALHADA DOCE DE BAUNILHA** Corte a fava de baunilha no sentido do comprimento, raspe as sementes e coloque-as em uma tigela média (ver TÉCNICAS). Corte a fava ao meio no sentido da largura e junte à tigela. Acrescente os demais ingredientes e misture à mão até incorporar. Transfira a mistura de iogurte para uma peneira forrada com dois pedaços de morim ou outro tecido fino de algodão. Amarre as pontas do tecido, formando uma trouxinha. Leve à geladeira por 12 horas ou de um dia para o outro, apertando o tecido de vez em quando para drenar o líquido e deixar o iogurte com uma consistência mais espessa. Retire os pedaços de fava e descarte. Misture até ficar macio.

**CALDA DE AÇAFRÃO E MEL** Coloque todos os ingredientes e a fava reservada em uma caçarola pequena e leve ao fogo médio, mexendo sempre até dissolver o açúcar. Deixe ferver e retire do fogo. Deixe descansar por 5 minutos e retire os cravos e os paus de canela.

**DICA** A manteiga orgânica pode ser encontrada em feiras livres especializadas e em alguns supermercados.
**TÉCNICAS** Passos 1 e 4: ver ***"como utilizar favas de baunilha"***, página 276.
**FAÇA ANTES** Os bolos podem ser preparados com um dia de antecedência e guardados dentro de um recipiente hermético em temperatura ambiente.

**[FOTOS NAS PÁGINAS 182 E 183]**

# Bolinhos de iogurte COM CALDA DE AÇAFRÃO E MEL

[RECEITA NAS PÁGINAS 184 E 185]

PARA FAZER A COALHADA DOCE
Coloque a mistura de iogurte dentro de uma peneira forrada com um pedaço de morim ou outro tecido fino de algodão. Junte todas as pontas do tecido, formando uma trouxinha, e amarre bem apertado, na forma de uma bola. Coloque de volta dentro da peneira e ajuste-a sobre uma tigela. O excesso de líquido vai escorrer, resultando em um iogurte mais consistente, como uma coalhada.

PARA PREPARAR A INFUSÃO DE AÇAFRÃO
Coloque o suco de limão e o açafrão em uma tigela pequena e misture. Deixe em infusão por 20 minutos para amolecer os pistilos de açafrão e liberar o aroma.

PARA PREPARAR A FÔRMA
Unte as cavidades da fôrma. Um jeito fácil de cortar o papel-manteiga para forrar a base é dobrar um pedaço grande ao meio três vezes, alternando a direção da dobra, até obter oito camadas. Grampeie a borda para o papel não escorregar e coloque sob uma das cavidades. Com um lápis, faça o contorno da cavidade e recorte em cima da linha; você deve obter oito pedaços ovais de papel-manteiga. Repita o procedimento com outro pedaço de papel, mas dobre duas vezes para obter mais quatro ovais.

PARA FAZER O CREME DE MANTEIGA E AÇÚCAR

Coloque a manteiga, o açúcar e a baunilha em uma tigela e bata com uma colher de madeira ou uma batedeira portátil até obter um creme claro e fofo. Junte as gemas e bata mais um pouco. Depois acrescente a farinha e o iogurte, em duas levas, alternando os ingredientes e misturando até incorporar. Adicione o açafrão e o líquido da infusão.

PARA PREENCHER A FÔRMA

Preencha as cavidades com a mesma quantidade de massa. Use um medidor padrão para separar $^1/_3$ de xícara de massa e, com uma colher, coloque na fôrma.

PARA SERVIR

Desamarre a trouxinha da coalhada e disponha uma colherada sobre cada bolinho. Decore com a amêndoa e regue com o restante da calda.

## BALANÇA

Medidas exatas são essenciais na confeitaria. Um pouco mais disso, um pouco menos daquilo, e a receita pode desandar; portanto, use uma balança de precisão. Nem todas as balanças são iguais, por isso dê preferência àquelas com graduação de 1 grama. Use o botão de tara para acelerar o processo de pesar os ingredientes.

## *Favas de baunilha*

TRÊS MANEIRAS DE APROVEITAR UMA FAVA DE BAUNILHA JÁ UTILIZADA EM RECEITAS:

(1) Faça açúcar de baunilha: coloque a fava lavada e seca dentro de um recipiente com açúcar e deixe fechado por pelo menos uma semana.

(2) Prepare uma calda usando a fava, água e açúcar na proporção de 2 para 1, uma tira de casca de laranja, 5 cravos-da-índia e um pouco de suco de limão-siciliano. Leve ao fogo baixo e misture até dissolver o açúcar. Cozinhe por 5 minutos. Use para incrementar saladas de frutas ou umedecer um bolo.

(3) Aromatize o chocolate quente: coloque a fava no leite com um pouco de chocolate amargo e leve ao fogo baixo até quase ferver. Adoce com um pouco de mel ou açúcar.

**POR QUE FAVAS DE BAUNILHA SÃO TÃO CARAS?** ***Uma das razões é porque a produção é muito trabalhosa. A polinização precisa ocorrer no mesmo dia em que as flores desabrocham. No México, isso é feito pelas abelhas, mas em outros lugares é feito manualmente. Depois, ainda há um longo período de cura das favas.***

## E O MELHOR TIPO DE BAUNILHA?

HÁ QUATRO VERSÕES DE BAUNILHA DISPONÍVEIS NO MERCADO: ESSÊNCIA, EXTRATO, PASTA E FAVA. EM GERAL, A ESSÊNCIA É EXTRAÍDA DA POLPA ATRAVÉS DE PROCESSOS QUÍMICOS. O EXTRATO TEM SABOR SEMELHANTE, É FÁCIL DE ACHAR E NÃO CUSTA CARO. A PASTA PODE INCLUIR SEMENTES DE BAUNILHA E É UMA BOA SUBSTITUTA PARA A FAVA, QUE, DE TODAS AS VERSÕES, É A QUE OFERECE MAIS SABOR. AS MELHORES FAVAS SÃO PRODUZIDAS EM MADAGASCAR.

## FRESCOR É TUDO

Para extrair tudo o que as especiarias têm de melhor, em especial as moídas, compre pequenas quantidades e reponha seu estoque com frequência.

# GENGIBRE

Quando o gengibre está novo e fresco, sua casca é fina e pálida e seu interior é suculento e aromático. Conforme envelhece, o gengibre perde umidade e seu interior fica fibroso.

# COMO PILAR

## ESPECIARIAS E ERVAS

PILAR É O MESMO QUE ESMAGAR DE LEVE, ALGO QUE DEVE SER FEITO COM BAGAS DE CARDAMOMO OU TALOS DE CAPIM-LIMÃO, POR EXEMPLO, PARA LIBERAR SEUS AROMAS. APOIE A LÂMINA LARGA DE UMA FACA SOBRE O INGREDIENTE E DÊ UM GOLPE CERTEIRO COM A BASE DA MÃO PARA ESMAGÁ-LO. SE PREFERIR, VOCÊ PODE USAR UM PILÃO.

*GUARDE AS ESPECIARIAS LONGE DO CALOR E ABRIGADAS DA LUZ, EM RECIPIENTES HERMÉTICOS, FORA DA GELADEIRA. TODAS AS ESPECIARIAS DETERIORAM COM O TEMPO, ENTÃO VERIFIQUE SUA CONDIÇÃO PELO MENOS UMA VEZ POR ANO.*

# RETIRAR AS ESPECIARIAS ANTES DE SERVIR

Não há uma regra, é você quem decide se quer retirá-las ou não. Em muitas culturas, as especiarias são pistas que indicam o sabor do prato. Se resolver deixá-las, avise seus convidados; na pior das hipóteses, se eles esquecerem e acabarem mastigando uma delas, serão brindados com uma intensa onda de sabor.

# *Um mundo de especiarias*

Tome cuidado ao usar a versão em pó de noz-moscada, cravo-da-índia, cardamomo e anis-estrelado, pois são mais potentes do que as outras especiarias. No entanto, quando estão inteiros, eles têm um perfume sutil e podem ser utilizados para aromatizar cremes e caldas. No mundo das especiarias, a canela é tão versátil quanto a baunilha, pois harmoniza com diversos ingredientes e é uma boa substituta, caso você não encontre determinada especiaria.

# Bolo grego de avelãs e especiarias COM PERAS E VINHO TINTO

TEMPO DE PREPARO + COZIMENTO **1 HORA 10 MINUTOS** RENDE **8 PORÇÕES**

**4 peras pequenas**
**3 xícaras (660 g) de açúcar**
**3 xícaras (750 ml) de vinho tinto**
**3 anises-estrelados**
**2 paus de canela**
**300 g de avelãs ligeiramente tostadas**
**1 xícara (70 g) de pão de fôrma branco sem casca esmigalhado**
**1 1/2 colher (chá) de fermento químico em pó**
**1 colher (chá) de canela em pó**
**1/4 de colher (chá) de cravo em pó**
**1/4 de colher (chá) de anis-estrelado em pó**
**4 ovos, gemas e claras separadas**
**2/3 de xícara (150 g) de açúcar**
**125 g de manteiga derretida**

**1** Descasque as peras, deixando o cabinho intato, e corte-as ao meio. Coloque o açúcar, o vinho, os anises-estrelados inteiros e os paus de canela em uma caçarola média e leve ao fogo médio até ferver. Reduza para fogo baixo e cozinhe por 5 minutos. Acrescente as peras, cubra com um círculo de papel-manteiga e coloque um prato refratário pequeno por cima para fazer peso e deixar as peras submersas. Cozinhe por 15 minutos ou até ficarem macias. Deixe esfriar.

**2** Preaqueça o forno a 180 °C. Unte uma fôrma de fundo removível de 20 cm de diâmetro e forre a base e a lateral com papel-manteiga.

**3** Coloque as avelãs no processador e use a função "pulsar" para bater até ficarem finamente picadas. Transfira para uma tigela grande e misture com o pão esmigalhado, o fermento e as especiarias em pó.

**4** Coloque as gemas e o açúcar em uma tigela grande e bata com uma batedeira portátil até ficar cremoso. Junte a mistura de avelãs e mexa bem. Adicione a manteiga e misture à mão, fazendo movimentos circulares, de baixo para cima. Em uma tigela metálica grande, bata as claras com uma batedeira portátil até obter picos moles. Junte as claras à massa em duas levas. Transfira a massa para a fôrma preparada.

**5** Asse o bolo por 35 minutos ou até que um palito inserido no centro saia limpo. Deixe descansar na fôrma por 10 minutos antes de desenformar, com o topo para cima, sobre uma grelha para esfriar.

**6** Coloque 2 xícaras do líquido de cozimento das peras em uma caçarola pequena e leve ao fogo médio. Cozinhe por 10 minutos ou até engrossar e formar uma calda.

**7** Disponha o bolo em um prato de servir ou em um suporte. Decore com as peras e regue com a calda.

**TÉCNICAS** Passo 2: ver *"como forrar uma fôrma redonda"*, página 276.

**FAÇA ANTES** Tanto o bolo quanto as peras podem ser preparados com um dia de antecedência. Guarde o bolo dentro de um recipiente hermético em temperatura ambiente e deixe as peras e a calda na geladeira. Monte o bolo no dia.

# Bolo de abóbora e especiarias COM COBERTURA DE MAPLE

TEMPO DE PREPARO + COZIMENTO **1 HORA 40 MINUTOS (+ RESFRIAMENTO)** RENDE **12 PORÇÕES**

**2 ovos**
**$^3/_4$ de xícara (165 g) de açúcar mascavo (ver DICAS)**
**$^1/_4$ de xícara (60 ml) de xarope de bordo (maple syrup)**
**$^2/_3$ de xícara (160 ml) de óleo**
**2 xícaras (340 g) bem cheias de abóbora-cheirosa grosseiramente ralada (ver DICAS)**
**$^1/_2$ xícara (60 g) de nozes-pecãs picadas**
**$1^2/_3$ xícara (250 g) de farinha de trigo com adição de fermento**
**$^1/_2$ colher (chá) de bicarbonato de sódio**
**1 colher (chá) de pimenta-da-jamaica em pó**
**2 colheres (chá) de canela em pó**
**1 colher (chá) de gengibre em pó**
**$^1/_4$ de colher (chá) de canela em pó, extra**

PECÃS AÇUCARADAS
**1 xícara (160 g) de metades de nozes-pecãs**
**$^1/_4$ de xícara (40 g) de açúcar de confeiteiro**

COBERTURA DE MAPLE
**375 g de cream cheese amolecido**
**200 g de manteiga amolecida**
**$^1/_3$ de xícara (60 ml) de xarope de bordo (maple syrup)**
**2 xícaras (320 g) de açúcar de confeiteiro**

**1** Preaqueça o forno a 180 °C. Unte uma fôrma retangular de 20 cm x 30 cm e forre a base e as laterais compridas com papel--manteiga de modo que ultrapasse as bordas em 5 cm.
**2** Coloque os ovos, o açúcar, o xarope de bordo e o óleo em uma tigela pequena e bata com uma batedeira portátil por 5 minutos ou até ficar espesso e cremoso. Despeje em uma tigela grande e misture a abóbora e depois os ingredientes secos peneirados. Transfira a massa para a fôrma preparada.
**3** Asse o bolo por 30 minutos ou até que um palito inserido no centro saia limpo. Deixe descansar na fôrma por 5 minutos antes de desenformar, com o topo para cima, sobre uma grelha para esfriar.
**4** Enquanto isso, prepare as pecãs açucaradas e depois a cobertura de maple.
**5** Divida o bolo em duas camadas (ver TÉCNICAS). Coloque a parte de baixo em um prato de servir e espalhe metade da cobertura de maple. Cubra com a parte de cima do bolo e espalhe o restante da cobertura. Decore com as pecãs açucaradas e polvilhe a canela em pó extra por cima.

**PECÃS AÇUCARADAS** Coloque as pecãs em uma peneira e enxágue com água fria até ficarem molhadas. Espalhe-as em uma assadeira grande forrada com papel-manteiga, formando uma única camada. Polvilhe com o açúcar de confeiteiro peneirado. Asse no forno por 10 minutos ou até ficarem ligeiramente douradas.

**COBERTURA DE MAPLE** Coloque o cream cheese e a manteiga em uma tigela média e bata com uma batedeira portátil por 3 minutos ou até obter um creme fofo e liso. Acrescente o xarope de bordo e o açúcar de confeiteiro aos poucos, alternando os ingredientes e batendo sempre até ficar homogêneo.

**DICAS** Aperte bem o açúcar mascavo na xícara medidora para obter a quantidade certa pedida na receita. Você vai precisar de cerca de metade de uma abóbora-cheirosa pequena para obter a quantidade necessária para esta receita.
**TÉCNICAS** Passo 5: ver ***"como dividir um bolo em camadas iguais"***, página 277.
**FAÇA ANTES** O bolo pode ser preparado e coberto com um dia de antecedência e mantido na geladeira. Deixe em temperatura ambiente por pelo menos 1 hora antes de servir. As pecãs açucaradas podem ser feitas com vários dias de antecedência e armazenadas dentro de um recipiente hermético em temperatura ambiente. Decore o bolo com as pecãs pouco antes de servir.

Savarin de cardamomo com calda de damasco ao vinho
[RECEITA NAS PÁGINAS 196 E 197]

# Savarin de cardamomo
## COM CALDA DE DAMASCO AO VINHO

TEMPO DE PREPARO + COZIMENTO **55 MINUTOS (+DESCANSO)** RENDE **12 PORÇÕES**

*O savarin nada mais é do que uma espécie de babá ao rum, já que ambos são preparados com o mesmo tipo de fermento e devem ser embebidos em calda. Diz a tradição que o savarin deve ser assado em uma fôrma de furo no meio específica e que leva o mesmo nome do bolo, mas, para esta versão com especiarias, usamos uma fôrma comum.*

2 colheres (chá) (7g) de fermento biológico seco
$^1/_4$ de xícara (60 ml) de leite morno
2 colheres (chá) de açúcar
4 ovos ligeiramente batidos
$1^3/_4$ xícara (260 g) de farinha de trigo
$1^1/_2$ colher (chá) de flor de sal
1 colher (chá) de cardamomo em pó
100 g de manteiga amolecida cortada em cubos
20 g de manteiga derretida

CALDA DE DAMASCO AO VINHO
1 laranja média (240 g)
3 xícaras (750 ml) de vinho de sobremesa (ver DICA)
2 xícaras (500 ml) de água
$2^1/_2$ xícaras (550 g) de açúcar
10 bagas de cardamomo esmagadas
$1^1/_4$ xícara (185 g) de damascos secos cortados ao meio no sentido do comprimento

**1** Coloque o fermento, o leite e 1 colher (chá) do açúcar em uma tigela pequena. Mexa até dissolver o fermento e o açúcar, cubra e deixe em um lugar protegido (por exemplo, dentro do forno desligado) por 10 minutos ou até formar uma esponja. Misture os ovos.

**2** Coloque a farinha, o sal, o cardamomo e o restante do açúcar na tigela da batedeira equipada com o batedor tipo gancho. Junte a mistura de fermento e bata em velocidade média por 3 minutos ou até obter uma massa lisa e elástica. Retire quaisquer pedaços de massa que tenham ficado na parede da tigela com uma espátula e agregue. Cubra e deixe descansar em local protegido por 1 hora ou até a massa dobrar de volume.

**3** Enquanto isso, prepare a calda de damasco ao vinho.

**4** Encaixe de novo a tigela com a massa crescida na batedeira com a ferramenta gancho. Junte a manteiga em cubos, um pedaço por vez, e bata em velocidade média por 2 minutos ou até a massa ficar lisa e elástica.

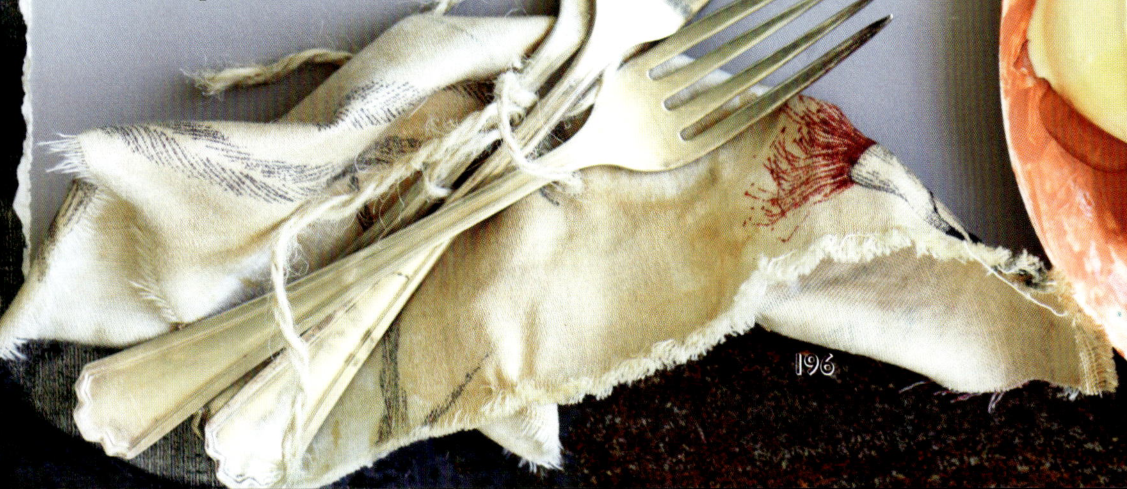

[FOTOS NAS PÁGINAS 194 E 195]

5 Unte bem uma fôrma antiaderente de furo no meio de 24 cm de diâmetro com a manteiga derretida. Transfira a massa para um saco de confeiteiro descartável e preencha a fôrma preparada. Cubra, sem prender muito, e deixe em local protegido por 45 minutos ou até a massa dobrar de volume novamente.
6 Preaqueça o forno a 220 °C.
7 Asse o savarin por 25 minutos ou até dourar e um palito inserido no centro do bolo sair limpo. Deixe descansar na fôrma por 5 minutos.
8 Coe a calda, reservando os damascos, a casca de laranja e os cardamomos. Despeje lentamente 3 xícaras (750 ml) de calda sobre o savarin ainda na fôrma até a massa absorver tudo. Deixe descansar por 10 minutos antes de desenformar sobre um prato.
9 Enquanto isso, coloque o restante da calda em uma caçarola pequena e leve ao fogo médio. Cozinhe por 8 minutos ou até engrossar. Junte os damascos, a casca de laranja e os cardamomos reservados e deixe esfriar.
10 Sirva o savarin morno ou em temperatura ambiente coberto pelos damascos e regado com a calda.

**CALDA DE DAMASCO AO VINHO** Use um descascador de legumes para descascar a laranja sem chegar até a membrana branca e depois corte em fatias bem fininhas (ou use um zester). Coloque a casca, o vinho, a água, o açúcar e o cardamomo em uma caçarola média e leve ao fogo até ferver, mexendo sempre para dissolver o açúcar. Cozinhe por 2 minutos e junte os damascos cortados ao meio. Retire do fogo e cubra até a hora de utilizar.

**DICA** Os vinhos de sobremesa feitos com a uva moscatel são perfeitos para esta receita.

**PARA FAZER A MASSA À MÃO** No passo 2, coloque os ingredientes em uma tigela grande e misture com uma colher de madeira para obter uma massa pegajosa. Transfira para uma superfície lisa enfarinhada e sove por 3 minutos ou até a massa ficar macia. Coloque em uma tigela untada e prossiga no passo 2. No passo 4, transfira a massa crescida para uma superfície lisa enfarinhada e adicione a manteiga, um pedaço por vez, sovando bem a cada adição até ficar homogêneo. Prossiga no passo 5.

**FAÇA ANTES** Este bolo fica mais gostoso se assado no dia, mas aguenta bem por até dois dias na geladeira.

# Bolo de tâmaras e gengibre COM COBERTURA DE CREAM CHEESE

TEMPO DE PREPARO + COZIMENTO **2 HORAS 30 MINUTOS (+DESCANSO E RESFRIAMENTO)** RENDE **12 PORÇÕES**

**1 xícara (250 ml) de água**
**300 g de tâmaras frescas sem caroço picadas**
**1 colher (chá) de bicarbonato de sódio**
**250 g de manteiga sem sal amolecida**
**1¾ xícara (385 g) de açúcar mascavo (ver DICAS)**
**4 ovos**
**3 xícaras (450 g) de farinha de trigo**
**2 colheres (chá) de gengibre em pó**
**1 colher (chá) de fermento químico em pó**
**¼ de xícara (60 ml) de leite**
**1 colher (chá) de extrato de baunilha**

COBERTURA DE CREAM CHEESE
**500 g de cream cheese amolecido**
**1 xícara (220 g) de açúcar mascavo (ver DICAS)**
**3 colheres (chá) de mix de especiarias em pó (canela, cravo, noz-moscada, gengibre, pimenta-da-jamaica, sementes de coentro)**

**1** Preaqueça o forno a 170 °C. Unte uma fôrma quadrada de 22 cm e forre a base e as laterais com três pedaços de papel-manteiga.
**2** Coloque a água em uma caçarola pequena e leve ao fogo até ferver. Retire do fogo e junte as tâmaras e o bicarbonato de sódio; a mistura vai espumar. Deixe descansar por 15 minutos ou até as tâmaras ficarem macias. Transfira para o processador e bata, utilizando a função "pulsar", até ficar grosseiramente picado.
**3** Coloque a manteiga e o açúcar em uma tigela média e bata com uma batedeira portátil por 6 minutos até obter um creme pálido e fofo. Adicione os ovos, um a um, batendo a cada adição. Acrescente a farinha, o gengibre em pó e o fermento peneirados juntos, alternando com o leite e a baunilha misturados, começando e terminando com a farinha. Bata o suficiente para incorporar. Fora da batedeira, junte a mistura de tâmaras e incorpore à massa com uma espátula. Transfira a massa para a fôrma preparada.
**4** Asse o bolo por 1h25 ou até que um palito inserido no centro saia limpo (talvez você precise cobrir o bolo nos 20 minutos finais para evitar que queime). Deixe descansar na fôrma por 10 minutos antes de desenformar, com o topo para cima, sobre uma grelha para esfriar.
**5** Prepare a cobertura de cream cheese.
**6** Espalhe a cobertura de cream cheese sobre o bolo.

COBERTURA DE CREAM CHEESE Coloque todos os ingredientes em uma tigela pequena e bata com uma batedeira portátil por 6 minutos ou até ficar homogêneo.

DICAS Aperte bem o açúcar mascavo na xícara medidora para obter a quantidade certa pedida na receita. Não se preocupe se o bolo ficar mais baixo no centro, pois a cobertura vai esconder essas pequenas falhas.
TÉCNICAS Passo 1: ver ***"como forrar uma fôrma quadrada"***, página 276.
FAÇA ANTES O bolo pode ser preparado com um dia de antecedência e armazenado dentro de um recipiente hermético em temperatura ambiente.

FABULOSOS

# Flores & Caldas

CALDAS E INFUSÕES

Perfumadas de flores embebem simples Bolos

EM UM DOCE NÉCTAR

# Suspiro de Earl Grey
# E FIGOS EM CALDA

TEMPO DE PREPARO + COZIMENTO **1 HORA (+RESFRIAMENTO)** RENDE **8 PORÇÕES**

**2 saquinhos de chá preto tipo Earl Grey**
**1 xícara (220 g) de açúcar**
**4 claras em temperatura ambiente (ver DICA)**
**3 colheres (chá) de amido de milho**
**1 colher (chá) de vinagre branco**
**2 colheres (sopa) de pistaches sem casca grosseiramente picados**

FIGOS EM CALDA
**2 saquinhos de chá preto tipo Earl Grey**
**4 tiras longas de casca de laranja**
**1 xícara (220 g) de açúcar**
**$^1/_2$ xícara (125 ml) de água**
**$^1/_4$ de xícara (60 ml) de suco de laranja espremido na hora**
**8 figos médios (480 g) partidos ao meio**

MASCARPONE ADOCICADO
**500 g de queijo mascarpone**
**1 colher (chá) de extrato de baunilha**
**1 colher (sopa) de açúcar de confeiteiro**

**1** Preaqueça o forno a 150 °C. Unte uma assadeira grande. Desenhe um retângulo de 18 cm x 30 cm em um pedaço de papel-manteiga e coloque na assadeira com o lado desenhado para baixo.
**2** Retire o chá dos saquinhos e bata no liquidificador com o açúcar até ficar bem fininho.
**3** Coloque as claras em uma tigela metálica média e bata com uma batedeira portátil até obter picos moles. Acrescente a mistura de chá e açúcar aos poucos, sem parar de bater, até formar picos firmes e brilhantes. Peneire o amido de milho sobre a clara batida e despeje o vinagre. Misture à mão com uma colher de metal, fazendo movimentos circulares delicados, de baixo para cima. Espalhe a mistura sobre a assadeira preparada, respeitando a marca no papel.
**4** Reduza a temperatura do forno para 120 °C. Asse o suspiro por 45 minutos ou até ficar firme ao toque. Desligue o forno e deixe o suspiro esfriar lá dentro com a porta entreaberta por pelo menos 4 horas ou de um dia para o outro. Pode ser que a parte de cima rache um pouco, mas não se preocupe, pois ela vai ficar coberta pelo mascarpone.
**5** Cerca de 30 minutos antes de servir, prepare os figos em calda e depois o mascarpone adocicado.
**6** Logo antes de servir, espalhe o mascarpone adocicado sobre o suspiro e decore com os figos em calda. Regue tudo com mais calda e espalhe os pistaches por cima.

**FIGOS EM CALDA** Coloque os saquinhos de chá, a casca de laranja, o açúcar, a água e o suco em uma caçarola média e leve ao fogo médio, mexendo até dissolver o açúcar. Deixe ferver e cozinhe por 6 minutos ou até a calda engrossar um pouco. Coloque os figos em uma tigela grande e despeje a calda por cima. Mexa para envolver toda a fruta na calda e deixe esfriar.

**MASCARPONE ADOCICADO** Coloque todos os ingredientes em uma tigela média e bata com uma batedeira portátil até obter picos moles.

**DICAS** Para o suspiro, é melhor que as claras estejam em temperatura ambiente do que frias ou geladas. Quando for separar os ovos, é uma boa ideia quebrar um por vez em uma tigelinha e juntar à batedeira em seguida, e só então quebrar o próximo ovo. Dessa forma, se uma das gemas se romper, não estragará os demais ingredientes.
**FAÇA ANTES** O suspiro pode ser preparado com um dia de antecedência e armazenado dentro de um recipiente hermético em temperatura ambiente. Monte o doce quase na hora de servir.

# Pão de ló de água de rosas COM COMPOTA DE MORANGOS

TEMPO DE PREPARO + COZIMENTO **1 HORA (+RESFRIAMENTO)** RENDE **12 PORÇÕES**

**1 $^{1}/_{3}$ xícara (200 g) de farinha de trigo**
**6 ovos**
**$^{2}/_{3}$ de xícara (150 g) de açúcar**
**2 colheres (chá) de água de rosas**
**80 g de manteiga derretida**
**$^{3}/_{4}$ de xícara (180 ml) de creme de leite fresco**
**1 colher (sopa) de açúcar de confeiteiro**
**1 colher (chá) de extrato de baunilha**
**20 pétalas de rosas cor-de-rosa orgânicas**

COMPOTA DE MORANGOS
**375 g de morangos grosseiramente picados**
**$^{1}/_{3}$ de xícara de açúcar**
**1 $^{1}/_{2}$ colheres (sopa) de água de rosas**

**1** Prepare a compota de morangos.
**2** Preaqueça o forno a 180 °C. Unte duas fôrmas redondas de 15 cm de diâmetro cada e forre a base e a lateral com papel-manteiga.
**3** Peneire metade da farinha três vezes em uma tigela pequena. Faça o mesmo com o restante da farinha em outra tigela.
**4** Coloque 3 ovos, metade do açúcar e metade da água de rosas em uma tigela pequena e bata com uma batedeira portátil até obter um creme espesso e pálido com o triplo do volume original. Peneire uma das tigelas de farinha sobre a mistura de ovos e misture com uma colher de metal, fazendo movimentos circulares delicados, de baixo para cima. Adicione metade da manteiga derretida e misture mais uma vez. Divida a massa igualmente entre as fôrmas preparadas.
**5** Asse os bolos por 15 minutos, alternando as fôrmas entre as grades do forno na metade do tempo, ou até que os bolos encolham um pouco, descolando ligeiramente da borda da fôrma. Deixe descansar nas fôrmas por 5 minutos antes de desenformar, de cabeça para baixo, sobre uma grelha coberta com papel-manteiga levemente untado para esfriar.
**6** Lave e seque as fôrmas e prepare-as novamente conforme instruções do passo 2. Repita os passos 3, 4 e 5, utilizando o restante da farinha, dos ovos, do açúcar, da água de rosas e da manteiga. Você deve obter quatro bolos no total.
**7** Coloque o creme de leite, o açúcar de confeiteiro peneirado e a baunilha em uma tigela pequena e bata com uma batedeira portátil até obter picos moles.
**8** Disponha um dos bolos em um prato. Espalhe $^{1}/_{3}$ da compota e $^{1}/_{3}$ do creme. Repita as camadas com os outros bolos e o restante da compota e do creme, terminando com um bolo. Decore com as pétalas de rosas e polvilhe com um pouquinho mais de açúcar de confeiteiro.

**COMPOTA DE MORANGOS** Coloque todos os ingredientes em uma caçarola média e leve ao fogo médio até ferver. Cozinhe, mexendo de vez em quando, por 10 minutos ou até os morangos ficarem macios e a calda engrossar. Deixe esfriar.

**DICA** Na hora de fatiar, você pode inserir palitos compridos no bolo para manter as camadas no lugar. Corte uma fatia das duas primeiras camadas e sirva como uma porção, depois corte as duas camadas de baixo para montar outra porção.
**TÉCNICAS** Passo 2: ver ***"como forrar uma fôrma redonda"***, página 276.
**FAÇA ANTES** Este bolo fica mais gostoso se assado no dia.

# Mil-folhas de massa filo COM CREME DE LAVANDA

TEMPO DE PREPARO + COZIMENTO **1 HORA E 20 MINUTOS (+RESFRIAMENTO)** RENDE **8 PORÇÕES**

**18 folhas de massa filo (ver DICAS)**
**100 g de manteiga sem sal derretida**
**$^1/_4$ de xícara (35 g) de açúcar**
**2 colheres (chá) de açúcar de confeiteiro**

CREME DE LAVANDA
**3 xícaras (750 ml) de leite**
**8 gemas**
**1 xícara (220 g) de açúcar**
**$^1/_2$ xícara (75 g) de amido de milho**
**1 $^1/_2$ colher (sopa) de flores de lavanda desidratadas (ver DICAS)**
**$^1/_2$ xícara (125 ml) de creme de leite fresco**

**1** Prepare o creme de lavanda.
**2** Preaqueça o forno a 160 °C. Unte três assadeiras grandes de bordas baixas e forre com papel-manteiga.
**3** Pincele uma folha de massa filo com um pouco da manteiga derretida e polvilhe com cerca de $^3/_4$ de colher (chá) do açúcar. Repita esse procedimento mais cinco vezes, colocando uma folha de massa em cima da outra para formar uma pilha de seis. Com uma faca afiada e uma régua para ajudar, corte a pilha maior em dois retângulos de 12 cm x 28 cm e descarte as aparas.
**4** Repita o passo 3 mais duas vezes. Você deve obter seis pacotinhos retangulares de igual tamanho.
**5** Disponha dois pacotinhos lado a lado em cada uma das assadeiras e cubra com um pedaço de papel-manteiga. Empilhe as assadeiras e por cima coloque uma quarta assadeira mais um refratário para fazer peso (ver TÉCNICAS).
**6** Asse os pacotinhos por 15 minutos. Retire com cuidado do forno e desfaça a pilha de refratário e assadeira. Leve as assadeiras de volta ao forno e coloque-as em grades separadas. Asse sem cobrir por mais 10 minutos ou até dourar. Gire as assadeiras durante o cozimento para que assem por igual; se a massa começar a estufar, pressione levemente com uma espátula. Deixe esfriar nas assadeiras e, depois de completamente frios, guarde os pacotinhos em um recipiente hermético até a hora de montar.
**7** Para montar o mil-folhas, coloque um pacotinho de massa filo em um prato e cubra com $^1/_5$ do creme de lavanda. Repita esse procedimento com o restante dos pacotinhos e do creme, finalizando com um pacotinho. Polvilhe açúcar de confeiteiro por cima e decore com folhas de lavanda, se quiser.

**CREME DE LAVANDA** Aqueça o leite em uma caçarola média até quase ferver. Enquanto isso, coloque as gemas, o açúcar, o amido de milho e as flores de lavanda em uma tigela grande e misture. Aos poucos, despeje o leite quente, mexendo sempre. Coloque essa mistura de volta na panela e leve ao fogo médio. Cozinhe por 7 minutos, sem parar de mexer, ou até o creme começar a borbulhar e engrossar. Retire do fogo e continue mexendo por mais 1 minuto. Coe em uma tigela média, cubra a superfície com filme de PVC e leve à geladeira para esfriar. Pouco antes de utilizar, bata o creme de leite com uma batedeira portátil até obter picos moles. Incorpore à mistura de lavanda fazendo movimentos circulares, de baixo para cima.

**DICAS** Em geral, o pacote de massa filo de 375 g contém cerca de 20 folhas. Flores de lavanda desidratadas podem ser encontradas em lojas especializadas em especiarias e na internet.
**TÉCNICAS** Passo 5: ver ***"como assar massa filo e deixá-la plana"***, página 276.
**FAÇA ANTES** Esta receita fica mais gostosa se preparada no dia.

# BOLOS ÚMIDOS

A regra de ouro para preparar bolos úmidos é que um dos dois – bolo ou calda – deve estar quente. Isso serve para garantir que a calda penetre adequadamente no bolo. Para massas mais densas, espete com um palito para melhorar a absorção da calda.

# LAVANDA

EMBORA EM TEORIA TODOS OS TIPOS DE LAVANDA SEJAM COMESTÍVEIS, A VARIEDADE *LAVANDULA ANGUSTIFOLIA* (CONHECIDA COMO "INGLESA") É CONSIDERADA A MELHOR PARA USO CULINÁRIO, ELOGIADA POR SEU AROMA E POR SEU PALADAR ADOCICADO. MESMO ASSIM, SEU SABOR É BASTANTE ACENTUADO, ENTÃO UM POUQUINHO SÓ JÁ É SUFICIENTE PARA PERFUMAR A RECEITA. PARA DESIDRATAR AS FLORES EM CASA, BASTA PENDURAR OS MAÇOS DE CABEÇA PARA BAIXO EM UM LOCAL FRESCO E AREJADO. DEPOIS DE SECOS, ESFREGUE OS MAÇOS PARA RETIRAR AS FLORES E GUARDE-AS EM UM RECIPIENTE HERMÉTICO.

**FLORES COMESTÍVEIS** *Dependendo da época, é possível encontrar diversos tipos de flores comestíveis, como violetas, rosas, calêndulas, gerânios, flores de borragem e nastúrcios, em supermercados grandes e feiras livres. Evite, porém, comprá-las em floriculturas, porque a maioria das flores ornamentais é borrifada com pesticidas.*

# Águas de FLORES

As águas de flores são produzidas por destilação; no caso da água de rosas, é um subproduto do óleo de rosas. Podem ser encontradas em lojas de produtos árabes e indianos e sua potência varia de acordo com cada marca. Tenha em mente que, depois de aberta a garrafa, a água vai perdendo aroma e sabor, por isso cheire e prove a água antes de usar na receita para dosar a quantidade a ser empregada.

# CREMOR do quê?

Cremor de tártaro é um ácido na forma de pó, disponível na seção de confeitaria dos supermercados. Neste livro, esse ingrediente é usado em algumas receitas de suspiro para aerar e dar mais consistência às claras em neve, mas é possível preparar a receita sem ele.

## *Firme e* BRILHANTE

**Nas receitas de suspiro, as instruções sempre pedem para bater as claras e o açúcar até a mistura ficar firme e brilhante. Para saber se o açúcar já se dissolveu completamente nas claras, o indício visual é a aparência brilhante. Esfregue um pouco da mistura entre os dedos: a textura deve ser macia, e não arenosa. O processo de bater as claras em neve dura em média 8 minutos. Para obter melhores resultados, bata as claras em uma tigela pequena e alta para que os batedores afundem bem na mistura.**

## SABUGUEIRO

O SABUGUEIRO É CULTIVADO NOS ESTADOS UNIDOS E NO CANADÁ. SUAS BAGAS TÊM COLORAÇÃO ARROXEADA E CASCA FIRME E BRILHANTE; DEVEM SER USADAS DE IMEDIATO, OU, SE NECESSÁRIO, GUARDADAS EM GELADEIRA DE UM DIA PARA OUTRO. NO BRASIL, O SABUGUEIRO É COMERCIALIZADO EM CASAS ESPECIALIZADAS, SOBRETUDO NA FORMA DE CHÁ.

SUBSTITUIÇÕES *Ainda que cada água de flores possua um paladar distinto, que não pode ser reproduzido por outro ingrediente, muitos bolos deste capítulo podem ser aromatizados sem prejuízo com um pouco de raspas da casca de limão-siciliano ou de laranja ou ainda com o mais universal dos aromatizantes: a baunilha.*

## COMO NIVELAR A MASSA DO BOLO

**Para massas mais pesadas, use uma espátula de confeiteiro – aquela que tem um desnível entre o cabo e a lâmina, o que permite que fique paralela à superfície do bolo. Para massas mais aeradas, como pão de ló, é melhor rodopiar a fôrma devagar sobre a superfície de trabalho, pois o manuseio excessivo pode fazer o bolo murchar.**

## A MAGIA DAS CLARAS EM NEVE

São as claras em neve que dão volume ao bolo. Para suspiros, quebre os ovos um de cada vez para garantir que não restará nenhum traço de gema nas claras, já que o menor pinguinho pode interferir na hora de aerar as claras. À medida que você bate as claras em neve, as bolhas de ar estimulam a proteína a adquirir uma consistência sólida, o que chamamos de picos firmes; mas não chegue a esse ponto sem acrescentar o açúcar, pois as claras podem desmontar.

# Cheesecake de MORANGO, LIMÃO E MANJERICÃO

**TEMPO DE PREPARO + COZIMENTO 1 HORA (+REFRIGERAÇÃO) RENDE 8 PORÇÕES**

óleo para untar
125 g de biscoito amanteigado
75 g de manteiga derretida
3 colheres (chá) de gelatina sem sabor em pó incolor
$^1/_4$ de xícara (60 ml) de água
375 g de cream cheese amolecido
$^1/_2$ xícara (110 g) de açúcar
1 colher (sopa) de raspas da casca de limão-siciliano
300 ml de creme de leite fresco
$^1/_2$ xícara (125 ml) de suco de limão
2 colheres (sopa) de manjericão fresco finamente picado
2 colheres (sopa) de folhas pequenas de manjericão fresco

MORANGOS COM INFUSÃO DE MANJERICÃO
2 colheres (sopa) de água
$^1/_2$ xícara (160 g) de geleia de morango
1 colher (sopa) de suco de limão
8 folhas grandes de manjericão fresco
250 g de morangos cortados ao meio

**1** Use um pincel culinário para untar uma fôrma de fundo removível de 20 cm de diâmetro com óleo; não unte com manteiga porque ela vai endurecer quando estiver na geladeira. Forre a base da fôrma com papel-manteiga.
**2** Bata o biscoito no processador até obter uma farinha fina. Junte a manteiga e bata o suficiente para incorporar. Espalhe essa mistura na base da fôrma. Leve à geladeira por 30 minutos.
**3** Em uma jarra refratária, polvilhe a gelatina sobre a água. Coloque a jarra dentro de uma panela com água quente e mexa até dissolver a gelatina. Deixe esfriar (ver TÉCNICAS).
**4** Coloque o cream cheese, o açúcar e as raspas de limão em uma tigela média e bata com uma batedeira portátil até obter uma mistura lisa. Junte o creme de leite e bata até ficar homogêneo. Adicione o suco de limão, a gelatina já fria e o manjericão picado e bata até incorporar. Despeje a massa sobre a base de biscoitos na fôrma preparada. Cubra e leve à geladeira por 3 horas ou de um dia para o outro para firmar.
**5** Prepare os morangos com infusão de manjericão.
**6** Pouco antes de servir, cubra o cheesecake com os morangos e a calda. Decore com as folhas de manjericão.

MORANGOS COM INFUSÃO DE MANJERICÃO Coloque a água, a geleia, o suco de limão e o manjericão em uma caçarola pequena e leve ao fogo baixo, mexendo sempre, até a geleia se desfazer. Deixe ferver e retire do fogo. Junte os morangos e deixe esfriar. Retire o manjericão e descarte.

TÉCNICAS Passo 3: ver também ***"como dissolver folhas de gelatina"***, página 277.
FAÇA ANTES O cheesecake pode ser preparado com um dia de antecedência e guardado coberto na geladeira.

# Bolo de claras e framboesas
## COM GLACÊ DE ÁGUA DE FLOR DE LARANJEIRA

TEMPO DE PREPARO + COZIMENTO **50 MINUTOS (+RESFRIAMENTO)** RENDE **12 PORÇÕES**

*O bolo de claras não contém nenhum tipo de gordura. Sua leveza se deve às claras em neve e também ao seu método peculiar de cozimento. A massa é assada em uma fôrma alta de furo no meio não untada, para que o bolo grude nas laterais – portanto, não use uma fôrma antiaderente. Depois de assado, o bolo é invertido para manter o ar dentro da massa; do contrário, ele murcharia como um suflê.*

**125 g de framboesas descongeladas**
**$^1/_2$ xícara (75 g) de farinha de trigo**
**$^1/_2$ xícara (75 g) de amido de milho**
**$1^1/_4$ de xícara (275 g) de açúcar**
**12 claras**
**1 colher (chá) de cremor de tártaro**
**2 colheres (chá) de água de flor de laranjeira (ver DICAS)**
**$^1/_4$ de xícara de flores comestíveis (ver DICAS)**

GLACÊ DE ÁGUA DE FLOR DE LARANJEIRA
**2 xícaras (320 g) de açúcar de confeiteiro**
**$^1/_4$ de colher (chá) de água de flor de laranjeira**
**$^1/_4$ de xícara (60 ml) de suco de limão-siciliano coado**

**1** Preaqueça o forno a 180 °C. Ajuste a grade do forno na posição mais baixa.
**2** Passe as framboesas por uma peneira fina, recolhendo o líquido em uma tigela pequena; descarte as sementes. Misture a farinha, o amido de milho e $^1/_4$ de xícara (55 g) do açúcar e peneire cinco vezes.
**3** Coloque as claras em uma tigela metálica grande e bata com uma batedeira portátil até ficar espumoso. Sem parar de bater, junte o cremor de tártaro. Aos poucos, adicione o restante do açúcar, batendo sempre, até dissolver o açúcar e a mistura ficar espessa e brilhante. Misture à mão a água de flor de laranjeira. Peneire $^1/_3$ da farinha sobre a mistura de claras e incorpore delicadamente usando um batedor de metal (fouet). Repita o procedimento com o restante da farinha em duas levas.
**4** Coloque $^1/_3$ da massa em uma tigela média e junte as framboesas, misturando delicadamente com movimentos circulares, de baixo para cima. Com cuidado, misture o restante da massa, fazendo espirais para criar um efeito marmorizado. Transfira a massa para uma fôrma de furo no meio e base removível de 25 cm de diâmetro não untada. Alise a superfície.
**5** Asse o bolo por 30 minutos ou até que, tocando a massa levemente, ela volte à forma.
**6** Corte um pedaço de papel-manteiga pouco maior do que a fôrma e coloque sobre a superfície de trabalho. Vire imediatamente a fôrma de cabeça para baixo sobre o papel e deixe o bolo esfriar nessa posição. Quando o bolo esfriar completamente, ele vai escorregar para o papel. Se isso não acontecer, passe uma espátula pela borda para soltar o bolo.
**7** Prepare o glacê de água de flor de laranjeira.
**8** Cubra o bolo com o glacê e decore com as flores.

GLACÊ DE ÁGUA DE FLOR DE LARANJEIRA Peneire o açúcar de confeiteiro em uma tigela pequena. Aos poucos, despeje a água de flor de laranjeira e o suco de limão, mexendo sempre, para formar um glacê com consistência que lembre a do mel.

DICAS Usamos água de flor de laranjeira de uma marca proveniente do Oriente Médio, com sabor bastante pronunciado. Prove o glacê e ajuste conforme necessário. O batedor de metal (fouet) é um utensílio com uma ponta arredondada e hastes flexíveis. Se o seu batedor tiver hastes fixas, não tem problema, apenas certifique-se de fazer movimentos circulares delicados de baixo para cima. Você pode decorar o bolo com 125 g de framboesas frescas no lugar das flores.
FAÇA ANTES Este bolo fica mais gostoso se assado no dia.

Bolo chiffon de limão com calda de Earl Grey
[RECEITA NAS PÁGINAS 218 E 219]

CreamTop

# Bolo chiffon de limão COM CALDA DE EARL GREY

TEMPO DE PREPARO + COZIMENTO **1 HORA 20 MINUTOS (+RESFRIAMENTO)** RENDE **12 PORÇÕES**

*O bolo chiffon guarda muitas semelhanças com o bolo de claras, já que ambos devem sua leveza à grande quantidade de claras em neve. No entanto, a massa do chiffon também leva gemas, que são aeradas com açúcar, assim como uma grande quantidade de líquidos e gordura para incrementar ainda mais o sabor. O chiffon também deve ser assado em fôrma de furo no meio não untada para que cresça grudando na lateral. Depois de assado, o bolo é invertido para manter o ar dentro da massa; do contrário, ele murcharia como um suflê.*

2 xícaras (300 g) de farinha de trigo com adição de fermento
2 colheres (chá) de folhas de chá preto tipo Earl Grey (ver DICAS)
$1\frac{1}{2}$ xícara (330 g) de açúcar
7 ovos, gemas e claras separadas
$\frac{3}{4}$ de xícara (180 ml) de suco de limão-siciliano coado
$\frac{1}{2}$ xícara (125 ml) de azeite de oliva extra virgem
1 colher (sopa) de raspas da casca de limão-siciliano
$\frac{1}{2}$ colher (chá) de cremor de tártaro
$2\frac{1}{2}$ xícaras (600 ml) de creme de leite fresco
2 colheres (sopa) de flores de borragem, opcional

CALDA DE EARL GREY
1 colher (sopa) de folhas de chá preto tipo Earl Grey (ver DICAS)
1 xícara (250 ml) de água fervente
1 xícara (220 g) de açúcar

**1** Preaqueça o forno a 180 °C. Ajuste a grade do forno na posição mais baixa e coloque uma assadeira.
**2** Peneire a farinha três vezes em uma tigela média.
**3** Bata as folhas de chá e $\frac{3}{4}$ de xícara (165 g) do açúcar no processador até ficar bem fininho. Coloque em uma tigela pequena e junte as gemas. Bata por 5 minutos ou até obter uma mistura espessa e pálida. Adicione, aos poucos, o suco de limão, o azeite e metade das raspas de limão, batendo bem até ficar homogêneo. Transfira para uma tigela grande e peneire a farinha por cima. Misture à mão, usando um batedor de metal (fouet), apenas o suficiente para incorporar.
**4** Coloque as claras em uma tigela metálica grande e bata com uma batedeira portátil até obter picos moles. Adicione o cremor de tártaro e, aos poucos, o restante do açúcar, batendo sempre até a mistura ficar espessa e brilhante. Junte a mistura de claras à de gemas em duas levas, mexendo delicadamente com movimentos circulares, de baixo para cima. Transfira a massa para uma fôrma de furo no meio e base removível de 25 cm de diâmetro não untada. Alise a superfície.
**5** Coloque a fôrma sobre a assadeira preaquecida dentro do forno e asse o bolo por 50 minutos ou até que um palito inserido no centro saia limpo. Corte um pedaço de papel-manteiga pouco maior do que a fôrma e coloque sobre a superfície de trabalho. Vire imediatamente a fôrma de cabeça para baixo sobre o papel e deixe o bolo esfriar nessa posição.

[FOTOS NAS PÁGINAS 216 E 217]

6 Enquanto isso, prepare a calda de Earl Grey.

7 Com cuidado, passe uma espátula pela borda e pelo centro da fôrma para soltar o bolo; talvez seja preciso passar a espátula também entre a base e o bolo. Com uma faca de serra, corte o bolo ao meio na horizontal, obtendo duas camadas.

8 Coloque o creme de leite em uma tigela grande e bata com uma batedeira portátil até obter picos moles. Junte o restante das raspas de limão e misture. Coloque a base do bolo em um prato de servir ou um suporte e espalhe pouco mais de metade do creme por cima. Cubra com a outra parte do bolo e finalize com o creme. Decore com as flores e regue com a calda.

**CALDA DE EARL GREY** Coloque as folhas de chá e a água fervente em uma caçarola pequena e deixe em infusão por 10 minutos. Junte o açúcar e leve ao fogo baixo, mexendo até dissolver o açúcar. Deixe ferver por 5 minutos ou até a calda reduzir um pouco de volume. Deixe esfriar e coe.

**DICAS** O chá preto tipo Earl Grey francês é similar ao original, mas contém pétalas de rosa em sua composição; já o tipo Lady Grey contém traços de lavanda ou laranja. Qualquer variedade de Earl Grey pode ser utilizada nesta receita.

**VARIAÇÃO** Para uma calda de flor de laranjeira e chá de hortelã, não use o Earl Grey na massa do bolo; em vez disso, adicione 1 colher (sopa) de água de flor de laranjeira ao suco de limão-siciliano no passo 3. No lugar da calda explicada aqui, use a calda de flor de laranjeira e chá de hortelã da página 222. Sirva o bolo regado com a calda.

**FAÇA ANTES** Tanto o bolo quanto a calda podem ser preparados com um dia de antecedência. Guarde-os dentro de recipientes herméticos separados em temperatura ambiente.

# Bolo chiffon de limão COM CALDA DE EARL GREY

[RECEITA NAS PÁGINAS 218 E 219]

PARA A MISTURA DE CHÁ E AÇÚCAR

Bata as folhas de chá e $^3/_4$ de xícara (165 g) do açúcar no processador até ficar bem fininho. Se você tiver um processador pequeno, fica mais fácil.

PARA A MASSA DO BOLO

Com uma colher de metal grande e fazendo movimentos circulares de baixo para cima, incorpore as claras em neve à mistura de gemas, em duas levas, apenas o suficiente para ficar homogêneo.

PARA INVERTER O BOLO ASSADO

Para evitar que o bolo murche, vire o bolo com cuidado sobre um pedaço de papel-manteiga e deixe esfriar. O bolo estará preso à fôrma pelas laterais, o que impede que o bolo escorregue, e o ar que ficou preso na fôrma durante o cozimento vai se deslocar através da massa, mantendo-a aerada.

PARA A CALDA DE EARL GREY
Coloque as folhas de chá e a água fervente em uma caçarola pequena e deixe em infusão por 10 minutos antes de juntar o açúcar e levar ao fogo para finalizar o cozimento.

PARA DIVIDIR O BOLO EM CAMADAS
Usando uma régua, marque a metade da altura do bolo em diversos pontos da lateral. Com uma faca de serra com lâmina longa, corte o bolo em duas camadas usando as marcas como guia.

PARA SERVIR
Monte o bolo sobre um prato de servir, fazendo as camadas com o creme. Regue o bolo com a calda de Earl Grey pouco antes de servir. Fatie o bolo usando uma faca de serra fina.

# Bolo de maracujá COM CALDA DE FLOR DE LARANJEIRA E CHÁ DE HORTELÃ

TEMPO DE PREPARO + COZIMENTO **1 HORA 45 MINUTOS (+DESCANSO E RESFRIAMENTO)** RENDE **8 PORÇÕES**

**220 g de manteiga sem sal amolecida**
**1 xícara (220 g) de açúcar**
**3 ovos**
**2 xícaras (300 g) de farinha de trigo com adição de fermento**
**$^2/_3$ de xícara (160 ml) de leitelho (buttermilk, ver DICAS)**
**$^1/_3$ de xícara (80 ml) de polpa de maracujá (ver DICAS)**
**1 colher (sopa) de flores comestíveis, opcional**

CALDA DE FLOR DE LARANJEIRA E CHÁ DE HORTELÃ
**1 saquinho de chá de hortelã**
**1 xícara (250 ml) de água fervente**
**1 xícara (220 g) de açúcar**
**$^1/_2$ xícara (125 ml) de polpa de maracujá (ver DICAS)**
**1 colher (chá) de água de flor de laranjeira**

**1** Prepare a calda de flor de laranjeira e chá de hortelã.
**2** Preaqueça o forno a 180 °C. Unte uma fôrma de bolo inglês de 12 cm x 23 cm e forre a base e as laterais com papel-manteiga.
**3** Coloque a manteiga e o açúcar em uma tigela média e bata com uma batedeira portátil por 6 minutos ou até obter um creme pálido e fofo. Adicione os ovos, um a um, batendo a cada adição. Misture à mão a farinha e o leitelho aos poucos, alternando entre os ingredientes. Junte a polpa de maracujá e misture mais um pouco. Transfira a massa para a fôrma preparada e alise a superfície.
**4** Asse o bolo por 50 minutos ou até que um palito inserido no centro saia limpo. Deixe descansar na fôrma por 10 minutos antes de desenformar, com o topo para cima, sobre uma grelha para esfriar.
**5** Disponha o bolo em um prato de servir e regue com metade da calda. Decore com as flores e sirva acompanhado do restante da calda.

**CALDA DE FLOR DE LARANJEIRA E CHÁ DE HORTELÃ** Coloque o saquinho de chá em uma caçarola pequena e despeje a água. Deixe em infusão por 5 minutos. Esprema o líquido do saquinho e descarte-o. Junte o açúcar e a polpa de maracujá e leve ao fogo baixo, mexendo até dissolver o açúcar. Aumente para fogo alto e deixe ferver. Cozinhe assim por 15 minutos ou até a calda engrossar. Retire do fogo e adicione a água de flor de laranjeira. Deixe esfriar.

**DICAS** Se não encontrar leitelho pronto, prepare uma versão caseira misturando $^1/_3$ de iogurte natural desnatado e $^2/_3$ de leite desnatado. Você vai precisar de cerca de 12 maracujás pequenos para esta receita.
**FAÇA ANTES** Este bolo fica mais gostoso se assado no dia.

Bolo trifle de flor de laranjeira
[RECEITA NAS PÁGINAS 226 E 227]

# Bolo trifle de FLOR DE LARANJEIRA

TEMPO DE PREPARO + COZIMENTO **2 HORAS (+REFRIGERAÇÃO E RESFRIAMENTO)** RENDE **12 PORÇÕES**

**4 ovos**
**$^1/_2$ xícara (110 g) de açúcar**
**$^1/_2$ xícara (100 g) de farinha de trigo com adição de fermento**
**60 g de manteiga derretida**
**20 g de amêndoas laminadas**
**$^1/_4$ de xícara (60 ml) de suco de laranja (ver DICAS)**
**2 colheres (sopa) de glucose de milho**
**$^1/_4$ de xícara (40 g) de açúcar de confeiteiro**
**1 colher (chá) de água de flor de laranjeira**
**4 laranjas médias (1 kg) cortadas em gomos (ver TÉCNICAS)**
**1$^1/_4$ xícara (300 ml) de creme de leite fresco**

GELATINA DE LARANJA

**6 folhas (30 g) de gelatina incolor (ver DICAS)**
**2 xícaras (500 ml) de suco de laranja espremido na hora (ver DICAS)**
**$^2/_3$ de xícara (150 g) de açúcar**
**1 xícara (250 ml) de vinho de sobremesa**
**corante alimentício vermelho e amarelo**

CREME DE CONFEITEIRO

**1$^1/_4$ de xícara (300 ml) de leite**
**2 tiras largas de casca de laranja**
**3 gemas**
**$^1/_4$ de xícara (55 g) de açúcar**
**1 colher (sopa) de farinha de trigo**
**1$^1/_2$ colher (sopa) de amido de milho**

**1** Prepare a gelatina de laranja, e depois o creme de confeiteiro.

**2** Preaqueça o forno a 160 °C. Unte uma fôrma redonda de bordas altas e 22 cm de diâmetro e forre a base e a lateral com papel-manteiga.

**3** Coloque os ovos e o açúcar em uma tigela pequena e bata com uma batedeira portátil por 8 minutos ou até ficar espesso e cremoso. Transfira para uma tigela grande e peneire metade da farinha, misturando à mão com movimentos circulares de baixo para cima. Repita o procedimento com o restante da farinha. Trabalhando rapidamente, junte a manteiga e misture. Transfira a massa para a fôrma preparada.

**4** Asse o bolo por 25 minutos ou até que o topo volte à forma original quando tocado. Desenforme imediatamente, com o topo para baixo, sobre uma grelha coberta com papel-manteiga para esfriar.

**5** Espalhe as amêndoas em uma assadeira formando uma única camada. Asse por 6 minutos ou até tostar levemente. Deixe esfriar.

**6** Misture o suco, a glucose, 1 colher (sopa) do açúcar de confeiteiro e metade da água de flor de laranjeira e pincele essa mistura na lateral e no topo do bolo. Disponha os gomos de laranja em cima do bolo, formando círculos. Bata o creme de confeiteiro até ficar macio e espalhe sobre a laranja.

**7** Coloque o creme de leite, o restante do açúcar de confeiteiro e da água de flor de laranjeira em uma tigela pequena e bata com uma batedeira portátil até obter picos moles. Espalhe essa mistura sobre o creme de confeiteiro.

**8** Desenforme a gelatina sobre uma superfície lisa coberta com papel-manteiga e corte em cubos de 2 cm. Pouco antes de servir, arrume a gelatina sobre o creme e decore com as amêndoas.

**GELATINA DE LARANJA** Hidrate as folhas de gelatina em uma tigela de água gelada por 5 minutos ou até ficarem macias (ver TÉCNICAS). Enquanto isso, coloque o suco e o açúcar em uma caçarola pequena e leve ao fogo baixo, mexendo até dissolver o açúcar. Retire do fogo. Aperte as folhas de gelatina para retirar o excesso de água e adicione à panela, mexendo até dissolver. Junte o vinho. Tinja a mistura de laranja, acrescentando algumas gotas de corante vermelho e amarelo; acrescente uma gota por vez, misturando com um palito de dente. Despeje em uma assadeira de 20 cm x 30 cm. Leve à geladeira por 3 horas ou de uma dia para o outro até firmar.

**CREME DE CONFEITEIRO** Aqueça o leite e a casca de laranja em uma caçarola pequena até quase ferver. Retire do fogo e descarte a casca. Coloque as gemas, o açúcar, a farinha de trigo e o amido de milho em uma tigela média e misture até ficar homogêneo. Aos poucos, despeje o leite quente sobre a mistura de gemas. Transfira para uma panela limpa e leve ao fogo baixo, mexendo sempre até a mistura engrossar o suficiente para cobrir as costas de uma colher de madeira. Transfira para uma tigela limpa e cubra a superfície com filme de PVC. Deixe esfriar em temperatura ambiente e depois leve à geladeira até a hora de utilizar.

**DICAS** Você vai precisar de cerca de 12 laranjas para esta receita. As folhas de gelatina podem ser encontradas em supermercados e lojas especializadas em produtos para confeitaria; têm sabor neutro e dissolvem mais fácil do que a versão em pó. Se preferir usar a versão em pó, use 2 colheres (sopa) e polvilhe sobre a mistura morna de açúcar e suco. Mexa até dissolver.
**TÉCNICAS** Passo 1: ver ***"como dissolver folhas de gelatina"***, página 277. Passo 2: ver ***"como forrar uma fôrma redonda"***, página 276. Passo 6: ver ***"como separar os gomos de frutas cítricas"***, página 276.
**FAÇA ANTES** Tanto a gelatina quanto o creme podem ser preparados com até dois dias de antecedência. O bolo fica mais gostoso se assado e montado no dia.

**[FOTOS NAS PÁGINAS 224 E 225]**

# Bolo trifle de FLOR DE LARANJEIRA

[RECEITA NAS PÁGINAS 226 E 227]

PARA A GELEIA DE LARANJA

Esprema o excesso de água das folhas de gelatina e junte à mistura quente de suco e açúcar, mexendo até dissolver. Adicione o vinho e tinja a mistura com o corante.

PARA O CREME DE CONFEITEIRO

Coloque as gemas, o açúcar e a farinha de trigo em uma tigela média e bata até ficar macio e homogêneo. Sem parar de mexer, despeje o leite quente sobre a mistura de gemas até incorporar bem.

PARA INCORPORAR A MANTEIGA À MASSA

Depois de adicionar a farinha à mistura de gemas e açúcar, misture a manteiga delicadamente. Faça movimentos delicados para não deixar a massa pesada.

PARA MONTAR O BOLO
Depois de pincelar o bolo com a calda, arrume os gomos de laranja em círculos concêntricos, com a parte mais gordinha virada para fora.

PARA FAZER A CAMADA DE CREME E CHANTILI
Coloque uma colherada de creme de confeiteiro sobre a laranja. Com cuidado, espalhe o chantili por cima, modelando picos. Decore com os cubos de gelatina, as amêndoas laminadas e as flores comestíveis.

PARA SERVIR
O bolo é fácil de ser servido — no entanto, por conta de suas camadas úmidas e deliciosas, os pedaços não ficam muito bonitos. Fatie e sirva em copos ou tigelinhas, sem esquecer de apanhar os pedacinhos da cobertura que ficarem pelo caminho.

# Bolo de amêndoas COM CALDA DE ROSAS

TEMPO DE PREPARO + COZIMENTO **1 HORA** RENDE **4 PORÇÕES**

1 1/4 xícara (150 g) de farinha de amêndoa
1/4 de xícara (15 g) de pão de fôrma branco sem casca esmigalhado
1 colher (chá) de fermento químico em pó
3 ovos, gemas e claras separadas
3/4 de xícara (165 g) de açúcar
3 colheres (chá) de água de rosas
1/4 de xícara (60 ml) de creme de leite fresco
1 1/2 colher (sopa) de amêndoas laminadas
2 colheres (sopa) de pistaches sem casca cortados ao meio
1 colher (sopa) de amêndoas laminadas, extra

CALDA
3/4 de xícara (165 g) de açúcar
1 xícara (250 ml) de água de rosas
2 colheres (sopa) de botão de rosa desidratado

1 Preaqueça o forno a 180 °C. Unte uma assadeira de 18 cm em forma de coração e forre a base e a lateral com papel-manteiga.
2 Coloque a farinha de amêndoa, o pão esmigalhado e o fermento em uma tigela média. Em outra tigela, coloque as gemas e o açúcar e bata com uma batedeira portátil até ficar cremoso. Adicione a água de rosas e o creme de leite e bata até ficar homogêneo. Despeje na tigela dos ingredientes secos e misture.
3 Coloque as claras em uma tigela metálica pequena e bata com uma batedeira portátil até obter picos moles. Junte as claras em neve à massa em duas levas, misturando à mão com movimentos circulares de baixo para cima. Transfira a massa para a fôrma preparada e cubra com as amêndoas.
4 Asse o bolo por 45 minutos ou até que um palito inserido no centro saia limpo. O bolo ficará ligeiramente afundado no meio.
5 Enquanto isso, prepare a calda.
6 Deixe descansar na fôrma por 5 minutos. Despeje metade da calda quente sobre o bolo e deixe esfriar.
7 Desenforme o bolo, com o topo para cima, sobre um prato de servir. Espalhe os pistaches e as amêndoas e sirva acompanhado do restante da calda.

**CALDA** Coloque o açúcar e a água em uma caçarola pequena e leve ao fogo médio, mexendo até dissolver o açúcar. Deixe ferver e cozinhe por 3 minutos. Desligue o fogo, junte os botões de rosa e deixe em infusão por 10 minutos.

**DICA** Você também pode assar este bolo em uma fôrma redonda de bordas altas e 18 cm de diâmetro.
**FAÇA ANTES** Este bolo fica mais gostoso se assado no dia.

Rocambole delícia turca com calda de romã
[RECEITA NAS PÁGINAS 234 E 235]

# Rocambole delícia turca COM CALDA DE ROMÃ

TEMPO DE PREPARO + COZIMENTO **1 HORA (+REFRIGERAÇÃO E RESFRIAMENTO)** RENDE **8 PORÇÕES**

**4 ovos, gemas e claras separadas**
**1/2 xícara (110 g) de açúcar**
**40 g de manteiga derretida**
**2 colheres (sopa) de água quente**
**1 colher (chá) de extrato de baunilha**
**1/2 xícara (75 g) de farinha de trigo com adição de fermento**
**2 colheres (sopa) de açúcar, extra**
**15 g de algodão-doce cor-de-rosa, opcional**

GELATINA
**2 romãs médias (640 g)**
**3 folhas (15 g) de gelatina incolor (ver DICAS)**
**1 xícara (250 ml) de vinho rosé**
**1 xícara (220 g) de açúcar**
**2 colheres (chá) de água de rosas**

RECHEIO
**250 g de queijo mascarpone**
**1/3 de xícara (80 ml) de creme de leite fresco**

**1** Prepare a gelatina, e depois o recheio.
**2** Preaqueça o forno a 180 °C. Unte uma assadeira de 26 cm x 32 cm e forre a base e as laterais compridas com papel-manteiga, de forma que ultrapasse 2 cm para cima.
**3** Coloque as gemas e o açúcar em uma tigela pequena e bata com uma batedeira portátil por 5 minutos ou até obter um creme espesso e pálido. Separadamente, misture a manteiga, a água e a baunilha e junte ao creme. Adicione a farinha peneirada, misturando à mão. Em uma tigela metálica, coloque as claras e bata com uma batedeira portátil até obter picos moles. Junte a mistura de farinha às claras em neve em duas levas, misturando à mão com movimentos circulares de baixo para cima. Transfira a massa para a fôrma preparada e alise a superfície.
**4** Asse o pão de ló por 12 minutos ou até dourar e a massa ficar fofinha quando pressionada de leve. Desenforme sobre um pedaço de papel-manteiga um pouco maior do que a assadeira polvilhado com o açúcar extra. Remova o papel usado para forrar a assadeira e apare as bordas desiguais com uma faca afiada. Trabalhando rapidamente com a ajuda do papel, enrole o pão de ló ainda quente a partir da lateral mais comprida. Deixe amornar por 2 minutos. Desenrole, remova o papel e enrole de novo com a ajuda de um pano limpo. Cubra e deixe esfriar.
**5** Espalhe o recheio sobre o bolo, deixando uma borda de 1 cm em toda a volta. Arrume metade dos cubos de gelatina em uma fileira no centro do creme. Enrole novamente e disponha o rocambole sobre um prato de servir. Leve à geladeira por 3 horas ou até firmar.

6 Pouco antes de servir, regue o rocambole com a calda resfriada. Decore com as sementes de romã reservadas, o restante dos cubos de gelatina e o algodão-doce.

**GELATINA** Retire as sementes da romã (ver TÉCNICAS) e reserve $^1/_3$ de xícara delas. Bata o restante das sementes no processador até obter um purê e coe; você vai precisar de $^1/_2$ xícara (125 ml) de suco. Hidrate as folhas de gelatina em uma tigela de água gelada por 4 minutos ou até amolecerem (ver TÉCNICAS). Coloque o vinho e o açúcar em uma caçarola média e leve ao fogo médio, mexendo até dissolver o açúcar. Espere ferver e cozinhe por 1 minuto. Junte o suco de romã e a água de rosas e cozinhe até quase ferver. Separe 1 xícara (250 ml) dessa calda em uma tigela pequena. Esprema as folhas de gelatina para eliminar o excesso de água. Junte-as à calda e misture até dissolver a gelatina. Despeje em um recipiente pequeno o suficiente para a gelatina ficar com 2 cm de altura. Leve à geladeira por 3 horas ou até firmar. Desenforme a gelatina e corte em cubos de 2 cm. Enquanto isso, cozinhe o restante da calda por 5 minutos ou até engrossar um pouco. Deixe na geladeira até a hora de utilizar.

**RECHEIO** Coloque os dois ingredientes em uma tigela e acrescente 2 colheres (sopa) da calda resfriada. Bata com uma batedeira portátil até obter picos moles. Deixe na geladeira até a hora de utilizar.

**DICAS** Nesta receita, usamos um recipiente retangular com capacidade para 750 ml para moldar a gelatina. Se quiser, substitua as folhas de gelatina por 2 colheres (chá) de gelatina sem sabor em pó incolor. Coloque $^1/_4$ de xícara (60 ml) do líquido da gelatina em uma tigela refratária pequena e polvilhe a gelatina em pó por cima. Coloque a tigela dentro de uma panela maior com água quente; mexa até dissolver a gelatina. Junte essa mistura ao restante do líquido e molde conforme as instruções.
**TÉCNICAS** Passo 1: ver ***"como retirar as sementes de uma romã"***, página 276, e ***"como dissolver folhas de gelatina"***, página 277.
**FAÇA ANTES** A gelatina pode ser preparada com um dia de antecedência. O bolo fica mais gostoso se assado e montado no dia.

**[FOTOS NAS PÁGINAS 232 E 233]**

# Bolo de canela com framboesas E AÇÚCAR DE LAVANDA

TEMPO DE PREPARO + COZIMENTO **1 HORA (+DESCANSO E RESFRIAMENTO)** RENDE **6 PORÇÕES**

**3/4 de xícara (110 g) de farinha de trigo**
**1/2 xícara (75 g) de amido de milho**
**2 colheres (chá) de canela em pó**
**6 ovos**
**3/4 de xícara (165 g) de açúcar**
**50 g de manteiga sem sal derretida fria**
**1 1/2 xícara (375 ml) de creme de leite fresco**
**1/2 xícara (160 g) de geleia de framboesa**
**250 g de framboesas**

AÇÚCAR DE LAVANDA
**1/2 xícara (110 g) de açúcar**
**4 espigas de lavanda frescas ou 1 colher (chá) de lavanda desidratada (ver DICAS)**

**1** Prepare o açúcar de lavanda.
**2** Preaqueça o forno a 180 °C. Unte duas fôrmas redondas de 20 cm de diâmetro e forre a base com papel-manteiga.
**3** Peneire três vezes a farinha, o amido e a canela, todos juntos.
**4** Coloque os ovos e o açúcar em uma tigela grande e bata com uma batedeira portátil por 8 minutos ou até ficar espesso, pálido e com o triplo do volume original. Peneire 1/3 da mistura de farinha sobre os ovos e misture com uma colher de metal grande fazendo movimentos circulares de baixo para cima. Repita esse procedimento com o restante da farinha em duas levas.
**5** Separe 1/4 da massa em uma tigela pequena e junte a manteiga derretida. Com cuidado, junte ao restante da massa, misturando delicadamente para incorporar. Divida a massa entre as fôrmas preparadas.
**6** Asse por 25 minutos, alternando as fôrmas entre as grades do forno na metade do tempo, ou até que a massa esteja fofinha ao toque e o bolo tenha encolhido um pouco, descolando ligeiramente da borda da fôrma. Desenforme em seguida sobre uma grelha coberta com papel-manteiga para esfriar.
**7** Coloque o creme de leite em uma tigela pequena e bata com uma batedeira portátil até obter picos moles. Disponha um dos bolos sobre o prato de servir. Espalhe por cima a geleia e depois metade do creme. Cubra com o outro bolo e espalhe o restante do creme. Decore com 3/4 das framboesas e polvilhe com o açúcar de lavanda. Sirva o bolo acompanhado do restante das framboesas.

AÇÚCAR DE LAVANDA Coloque o açúcar e a lavanda em um pote e deixe por 4 horas, ou de um dia para o outro, para que o perfume da lavanda aromatize o açúcar.

DICAS A lavanda desidratada é vendida em lojas especializadas em especiarias. Se preferir, use 1 colher (chá) de raspas da casca de limão-siciliano ou laranja.
TÉCNICAS Passo 2: ver *"como forrar uma fôrma redonda"*, página 276.
FAÇA ANTES O açúcar de lavanda pode ser preparado com até seis semanas de antecedência. O bolo fica mais gostoso se assado no dia.

# Bolo de limão e iogurte
## COM CALDA DE FLOR DE SABUGUEIRO

TEMPO DE PREPARO + COZIMENTO **1 HORA 20 MINUTOS** RENDE **8 PORÇÕES**

**250 g de manteiga amolecida**
**2 colheres (chá) de extrato de baunilha**
**1 colher (sopa) de raspas da casca de limão**
**1 xícara (220 g) de açúcar**
**3 ovos, gemas e claras separadas**
**2 xícaras (300 g) de farinha de trigo com adição de fermento**
**1 xícara (280 g) de iogurte grego**
**2 colheres (sopa) de flores comestíveis**

CASCA DE LIMÃO CARAMELIZADA
**3 limões**
**$^1/_2$ xícara (110 g) de açúcar**
**1 xícara (250 ml) de água**
**$^1/_4$ de xícara (55 g) de açúcar, extra**

CALDA DE FLOR DE SABUGUEIRO
**$^1/_3$ de xícara (80 ml) de suco de limão coado**
**$^3/_4$ de xícara (165 g) de açúcar**
**$^1/_4$ de xícara (60 ml) de água**
**$^1/_2$ xícara (125 ml) de licor de flor de sabugueiro (ver DICAS)**

1 Prepare a casca de limão caramelizada.
2 Preaqueça o forno a 180 °C. Unte oito fôrmas de furo no meio de 11 cm de diâmetro e forre a base e as laterais com papel-manteiga.
3 Coloque a manteiga, a baunilha, as raspas de limão e o açúcar em uma tigela pequena e bata com uma batedeira portátil até obter um creme pálido e fofo. Adicione as gemas, uma a uma, batendo a cada adição. Transfira para uma tigela grande e misture à mão a farinha peneirada e o iogurte em duas levas, alternando entre os ingredientes.
4 Coloque as claras em uma tigela metálica pequena e bata com uma batedeira portátil até obter picos moles. Junte à massa do bolo em duas levas, misturando de baixo para cima. Transfira a massa para as fôrmas preparadas e alise a superfície.
5 Asse os bolos por 30 minutos ou até que um palito inserido no centro saia limpo. Deixe descansarem na fôrma por 5 minutos antes de desenformar sobre uma grelha posicionada sobre uma assadeira.
6 Enquanto isso, prepare a calda de flor de sabugueiro.
7 Despeje a calda quente sobre os bolinhos também quentes. Sirva mornos ou frios, decorados com a casca de limão caramelizada, o restante da calda e as flores.

CASCA DE LIMÃO CARAMELIZADA Descasque os limões fazendo tiras com 1 cm de largura, tomando cuidado para não atingir a membrana branca. Coloque as tiras de casca em uma caçarola pequena e cubra com água. Leve para ferver e depois escorra, descartando a água. Repita esse procedimento quatro vezes. Então, coloque as cascas, o açúcar e a água na mesma panela e leve ao fogo baixo, cozinhando por 20 minutos ou até que fiquem translúcidas e a maior parte da calda tenha evaporado. Escorra e coloque as cascas sobre uma grelha para esfriar. Passe as cascas pelo açúcar extra para cobrir e corte em pedaços menores.

CALDA DE FLOR DE SABUGUEIRO Coloque todos os ingredientes em uma caçarola pequena e leve ao fogo baixo, sem ferver, mexendo até dissolver o açúcar. Deixe ferver e retire do fogo.

DICAS Use um licor de flor de sabugueiro como o francês St. Germain; se não encontrar, substitua por licor de limão ou outro de sua preferência. As fôrmas pequenas podem ser encontradas em lojas de utilidades domésticas e nas especializadas em produtos para confeitaria.
FAÇA ANTES A casca de limão caramelizada pode ser preparada com um dia de antecedência e armazenada dentro de um recipiente. O bolo fica mais gostoso se assado no dia.

# Bolo de amêndoas e rosas
## COM MORANGOS E MELANCIA

TEMPO DE PREPARO + COZIMENTO **1 HORA (+RESFRIAMENTO)** RENDE **12 PORÇÕES**

**1 xícara (160 g) de amêndoas sem pele**
**$^3/_4$ de xícara (165 g) de açúcar**
**$^1/_4$ de colher (chá) de flor de sal**
**5 claras**
**2 colheres (chá) de pasta de fava de baunilha**
**375 g de queijo mascarpone**
**1 xícara (200 g) de creme azedo (sour cream, ver GLOSSÁRIO)**
**2 colheres (chá) de água de rosas**
**200 g de morango fatiado**

MELANCIA CARAMELIZADA
**um pedaço de 2,5 kg de melancia sem sementes**
**$1^1/_2$ xícara (330 g) de açúcar**
**$^3/_4$ de xícara (180 ml) de água**
**$^1/_4$ de xícara (60 ml) de suco de limão**

**1** Preaqueça o forno a 180 °C. Unte uma assadeira rasa com 28 cm x 30 cm e forre com papel-manteiga.
**2** Bata no processador as amêndoas, $^1/_4$ de xícara (55 g) do açúcar e o sal até obter uma farinha fina.
**3** Coloque as claras em uma tigela metálica grande e bata com uma batedeira portátil até obter picos moles. Adicione o açúcar aos poucos, batendo bem a cada adição, até dissolver e a mistura ficar espessa e brilhante. Junte a farinha de amêndoa e a baunilha, misturando com uma colher de metal e fazendo movimentos circulares delicados, de baixo para cima. Transfira para a fôrma preparada e alise a superfície.
**4** Asse o bolo por 20 minutos ou até ficar dourado e firme ao toque. Deixe descansar na fôrma.
**5** Enquanto isso, prepare a melancia caramelizada.
**6** Coloque $^1/_2$ xícara (125 ml) da calda de melancia reservada, o mascarpone, o creme azedo e a água de rosas em uma tigela média e bata com uma batedeira portátil até obter picos moles.
**7** Desenforme o bolo com o topo para cima sobre uma tábua de corte. Divida em três retângulos iguais. Coloque um deles sobre um prato de servir e espalhe $^1/_3$ do creme por cima. Disponha os pedaços de melancia de maneira a cobrir o creme com uma única camada, aparando se necessário. Cubra com outra parte do bolo, metade do restante do creme e o restante da melancia. Finalize com a última parte do bolo e o restante do creme. Decore com os morangos e os cubos de melancia caramelizada.

**MELANCIA CARAMELIZADA** Retire a casca da melancia e descarte. Corte no sentido do comprimento em fatias de 1,5 cm de espessura. Depois, corte cada fatia em retângulos de 6 cm x 23 cm, e cada retângulo ao meio no sentido da largura. Corte o restante em cubos de 1,5 cm. Coloque o açúcar e a água em uma frigideira de 28 cm de diâmetro e leve ao fogo médio, mexendo até dissolver o açúcar e ferver. Adicione o suco de limão. Junte os pedaços de melancia em três levas, cozinhando por 3 minutos de cada lado. Com uma escumadeira, retire a fruta e coloque sobre papel-manteiga. Depois das fatias, cozinhe os cubos de melancia por 6 minutos e retire. Despeje a calda em uma tigela pequena e reserve para esfriar, acrescentando também o líquido que escorrer dos pedaços de melancia.

**FAÇA ANTES** O bolo pode ser assado com um dia de antecedência e armazenado dentro de um recipiente hermético em temperatura ambiente.

FABULOSOS

# Maçãs & PERAS

DIRETO DO
Pomar
as frutas
ENCANTAM
COM SEUS
Doces
sabores

# Bolo de fubá e limão COM AMEIXAS BAUNILHADAS

TEMPO DE PREPARO + COZIMENTO **1 HORA 40 MINUTOS (+RESFRIAMENTO)** RENDE **8 PORÇÕES**

**$^2/_3$ de xícara (110 g) de amêndoas inteiras tostadas (ver DICAS)**
**$1^1/_3$ xícara (100 g) de coco ralado**
**$^3/_4$ de xícara (125 g) de fubá**
**1 colher (chá) de fermento químico em pó**
**225 g de manteiga sem sal amolecida cortada em cubos**
**1 xícara (220 g) de açúcar**
**1 colher (sopa) de raspas da casca de limão-siciliano**
**4 ovos**
**$^1/_4$ de xícara (60 ml) de licor cremoso de limão (limoncello, ver DICAS)**
**2 colheres (chá) de açúcar de confeiteiro**

AMEIXAS BAUNILHADAS
**16 ameixas roxas pequenas e maduras (1,2 kg) sem caroço, cortadas ao meio e depois em três partes**
**$^1/_2$ xícara (110 g) de açúcar**
**2 colheres (chá) de raspas da casca de limão-siciliano**
**$^1/_2$ colher (chá) de extrato de baunilha**

1 Prepare as ameixas baunilhadas.
2 Preaqueça o forno a 170 °C. Unte uma fôrma de fundo removível de 22 cm de diâmetro e forre a base e a lateral com papel-manteiga.
3 Bata as amêndoas no processador até obter uma farinha fina. Transfira para uma tigela grande e misture o coco ralado, o fubá e o fermento.
4 Coloque a manteiga, o açúcar e as raspas de limão em uma tigela média e bata com uma batedeira portátil até obter um creme pálido e fofo. Adicione os ovos, um a um, batendo a cada adição. Misture à mão os ingredientes secos até incorporar. Acrescente o licor de limão e misture mais uma vez. Preencha a fôrma preparada com metade da massa.
5 Escorra metade das ameixas baunilhadas e disponha sobre a massa na fôrma. Despeje o restante da massa, espalhando com cuidado para cobrir a fruta.
6 Asse o bolo por 1h15 ou até que um palito inserido no centro saia limpo. Deixe descansar na fôrma por 15 minutos antes de desenformar sobre uma grelha para esfriar.
7 Coloque o bolo sobre um prato de servir e polvilhe o açúcar de confeiteiro. Decore com o restante da ameixa e regue com a calda.

AMEIXAS BAUNILHADAS Coloque todos os ingredientes em uma caçarola de fundo grosso média e leve ao fogo baixo. Tampe e cozinhe, sacudindo a panela de vez em quando, por 10 minutos ou até a ameixa começar a ficar macia e a soltar seu suco. Destampe e cozinhe, agitando a panela de vez em quando, por mais 7 minutos ou até a calda reduzir e engrossar um pouco. Deixe esfriar.

DICAS Limoncello é um licor de origem italiana, feito com limões-sicilianos; se preferir, substitua por rum claro.
Use um boleador para retirar o caroço das ameixas, evitando assim machucar a fruta. Talvez seja necessário cobrir o bolo com papel-manteiga nos últimos 10 minutos de cozimento para evitar que escureça muito.
**TÉCNICAS** Passo 2: ver ***"como forrar uma fôrma redonda"***, página 276.
**FAÇA ANTES** As ameixas podem ser preparadas com um dia de antecedência e guardadas na geladeira. O bolo fica mais gostoso se assado no dia.

# Bolo de maçã em camadas

TEMPO DE PREPARO + COZIMENTO **3 HORAS (+REFRIGERAÇÃO)** RENDE **16 PORÇÕES**

*Comece esta receita no dia anterior.*

**600 g de fatias de maçã desidratada**
**6 xícaras (1,5 litro) de água**
**1 xícara (220 g) de açúcar mascavo (ver DICAS)**
**2 colheres (chá) de canela em pó**
**1/2 colher (chá) de noz-moscada em pó**
**1/2 colher (chá) de pimenta-da-jamaica em pó**
**1/4 de colher (chá) de cravo-da-índia em pó**
**250 g de manteiga amolecida**
**2 xícaras (440 g) de açúcar**
**2 colheres (chá) de extrato de baunilha**
**2 ovos**
**2 xícaras (300 g) de farinha de trigo**
**4 xícaras (600 g) de farinha de trigo com adição de fermento**
**1 colher (chá) de bicarbonato de sódio**
**1/4 de colher (chá) de sal**
**2/3 de xícara (160 ml) de leitelho (buttermilk, ver DICAS)**
**1 1/2 colher (sopa) de açúcar de confeiteiro**
**3 paus de canela**

**1** Coloque a maçã e a água em uma caçarola grande. Cubra a superfície com papel-manteiga, depois com um prato refratário para fazer peso e manter a maçã submersa. Leve ao fogo alto até ferver. Reduza para fogo baixo e cozinhe por 20 minutos ou até a maçã ficar macia. Escorra e deixe esfriar. Bata a maçã no liquidificador ou no processador, um pouco de cada vez, até obter um purê, e transfira para uma tigela. Junte o açúcar mascavo e as especiarias, misture e reserve.
**2** Preaqueça o forno a 180 °C. Unte duas assadeiras grandes e forre com papel-manteiga.
**3** Coloque a manteiga, o açúcar e a baunilha em uma tigela pequena e bata com uma batedeira portátil até obter um creme pálido e fofo. Adicione os ovos um a um, batendo a cada adição, e transfira a mistura para uma tigela grande. Em outra tigela, peneire os dois tipos de farinha, o bicarbonato e o sal. Junte os ingredientes secos aos líquidos aos poucos, em três levas, alternando com o leitelho. Misture até incorporar; a massa vai ficar firme e talvez você precise usar a mão para terminar de misturar. Sove a massa em uma superfície lisa enfarinhada até ficar macia.
**4** Divida a massa em oito partes iguais. Com um rolo, abra uma das partes entre dois pedaços de papel-manteiga até obter um disco de 23 cm de diâmetro. Usando um prato ou uma assadeira de 22 cm de diâmetro, corte a massa com uma faca e transfira para uma das assadeiras preparadas. Repita o procedimento com outra porção de massa e a segunda assadeira.
**5** Asse os bolos por 12 minutos, alternando as assadeiras entre as prateleiras do forno na metade do tempo, ou até dourar. Deixe descansar nas assadeiras por 5 minutos antes de desenformar sobre uma grelha para esfriar. Repita os passos 4 e 5 com o restante da massa, duas partes por vez, até obter oito discos no total.
**6** Disponha um dos discos em um prato de servir ou em um suporte. Espalhe 1/2 xícara do purê de maçã por cima, cobrindo todo o disco. Repita esse procedimento com o restante dos discos e do purê, finalizando com um disco de massa. Cubra com filme de PVC e leve à geladeira de um dia para o outro. Antes de servir, polvilhe o açúcar de confeiteiro e decore com os paus de canela.

**DICAS** Aperte bem o açúcar mascavo na xícara medidora para obter a quantidade certa pedida na receita. Se não encontrar leitelho pronto, prepare uma versão caseira misturando 1/3 de iogurte natural desnatado e 2/3 de leite desnatado.
**FAÇA ANTES** Este bolo deve ser preparado com pelo menos um dia de antecedência ou até dois dias antes; guarde coberto na geladeira.

# Bolo de maçã em camadas

[RECEITA NA PÁGINA 249]

PARA CORTAR O DISCO DE PAPEL-MANTEIGA
Dobre um pedaço quadrado de papel-manteiga em quatro, depois dobre o quadrado obtido na diagonal duas vezes, até formar um triângulo fino. Segure a ponta do triângulo no centro da panela e apare a sobra de papel que ultrapassar a borda. Abra o papel dobrado.

PARA ADICIONAR AS ESPECIARIAS
Misture as especiarias ao purê de maçã e reserve na geladeira até a hora de utilizar.

PARA FAZER A MASSA DO BOLO
Junte os ingredientes secos aos líquidos aos poucos, em três levas, alternando com o leitelho. Vai ser preciso misturar vigorosamente a última leva de farinha, então não hesite em usar as mãos caso fique com os braços cansados.

PARA ABRIR A MASSA
Abra uma porção de massa por vez com um rolo enfarinhado sobre um pedaço de papel-manteiga enfarinhado ou entre dois pedaços de papel-manteiga até obter um disco de 23 cm de diâmetro.

PARA CORTAR OS DISCOS
Coloque um prato (ou uma tigela invertida) de 22 cm de diâmetro de cabeça para baixo sobre um disco de massa. Use a ponta da faca para aparar a massa, seguindo a borda do prato. Descarte o excesso de massa. Repita esse procedimento com todos os discos de massa.

PARA SERVIR
Considere que vai precisar de 20 minutos para montar as camadas de bolo e recheio. Pouco antes de servir, polvilhe açúcar de confeiteiro por cima. Corte o bolo com uma faca de lâmina fina e longa. Sirva acompanhado de uma bola de sorvete de baunilha.

# Bolo de maçã e noz-moscada COM COBERTURA AMANTEIGADA

TEMPO DE PREPARO + COZIMENTO **2 HORAS (+RESFRIAMENTO)** RENDE **10 PORÇÕES**

**4 maçãs verdes pequenas (520 g) sem casca finamente picadas**
**1/4 de xícara (60 ml) de conhaque**
**1/4 de xícara (55 g) de açúcar**
**170 g de manteiga amolecida**
**80 g de cream cheese amolecido**
**1 1/4 xícara (275 g) de açúcar, extra**
**2 colheres (chá) de extrato de baunilha**
**4 ovos**
**1 1/2 xícara (225 g) de farinha de trigo**
**1 colher (chá) de fermento químico em pó**
**1 colher (chá) de noz-moscada em pó**
**1/2 colher (chá) de sal**
**1/4 de colher (chá) de noz-moscada em pó, extra**

COBERTURA AMANTEIGADA
**80 g de manteiga**
**125 g de manteiga amolecida**
**1 1/2 xícara (350 g) de açúcar de confeiteiro**
**1 colher (chá) de extrato de baunilha**

**1** Preaqueça o forno a 160 °C. Unte uma fôrma redonda de 20 cm de diâmetro e forre a base e a lateral com papel-manteiga.
**2** Coloque a maçã, o conhaque e o açúcar em uma caçarola grande e leve ao fogo médio, mexendo sempre até dissolver o açúcar. Reduza para fogo baixo e cozinhe sem tampar por mais 10 minutos ou até a maçã ficar macia. Deixe esfriar.
**3** Coloque a manteiga, o cream cheese, o açúcar extra e a baunilha em uma tigela média e bata com uma batedeira portátil até obter um creme pálido. Adicione os ovos, um a um, batendo a cada adição. Peneire a farinha, o fermento, a noz-moscada e o sal e misture à mão. Junte a maçã e misture mais uma vez para incorporar. Transfira a massa para a fôrma preparada.
**4** Asse o bolo por 1h35 ou até que um palito inserido no centro saia limpo. Deixe descansar na fôrma por 15 minutos antes de desenformar, com o topo para cima, sobre uma grelha forrada com papel-manteiga para esfriar.
**5** Prepare a cobertura amanteigada.
**6** Espalhe a cobertura sobre o bolo já frio. Regue com a manteiga derretida reservada e polvilhe com o restante da noz-moscada ralada.

**COBERTURA AMANTEIGADA** Coloque a manteiga em uma frigideira pequena e leve ao fogo médio para derreter. Cozinhe por 2 minutos ou até que a manteiga fique com uma coloração castanho-dourada. Deixe amornar. Coloque a manteiga amolecida em uma tigela pequena e bata com uma batedeira portátil até obter um creme pálido. Junte o açúcar de confeiteiro peneirado em três levas, batendo a cada adição até o creme ficar leve e fofo. Acrescente a baunilha e 2 colheres (sopa) da manteiga derretida, batendo até incorporar tudo. Reserve o restante da manteiga derretida.

**DICA** É melhor regar o bolo com a manteiga derretida reservada pouco antes de servir para ela não endurecer. Você pode reaquecer a manteiga no micro-ondas em potência baixa, se necessário.
**FAÇA ANTES** O bolo pode ser preparado com um dia de antecedência e armazenado, sem a cobertura, dentro de um recipiente hermético em temperatura ambiente.

# Bolo de castanha portuguesa E MARMELO POCHÊ

TEMPO DE PREPARO + COZIMENTO **4 HORAS** RENDE **12 PORÇÕES**

**2 marmelos médios (700 g) sem casca e sem miolo cortados em quatro**
**2 xícaras (440 g) de açúcar**
**1/2 xícara (125 ml) de vinho marsala**
**2 paus de canela partidos ao meio**
**1 fava de baunilha cortada ao meio no sentido do comprimento (ver TÉCNICAS)**
**4 xícaras (1 litro) de água**
**1 1/4 xícara (185 g) de farinha de trigo com adição de fermento**
**100 g de farinha de amêndoa**
**1/2 colher (chá) de fermento químico em pó**
**1 colher (chá) de mix de especiarias em pó (canela, cravo, noz-moscada, gengibre, pimenta-da-jamaica, sementes de coentro)**
**250 g de manteiga amolecida**
**1 xícara (220 g) de açúcar mascavo (ver DICAS)**
**1 xícara (220 g) de castanha portuguesa cozida sem açúcar e amassada**
**3 ovos**
**1/4 de xícara (60 ml) de leite**

COBERTURA CROCANTE
**1/3 de xícara (50 g) de farinha de trigo**
**1/3 de xícara (75 g) de açúcar mascavo (ver DICAS)**
**2/3 de xícara (80 g) de nozes picadas**
**75 g de manteiga cortada em cubos**

**1** Coloque o marmelo, o açúcar, o marsala, a canela, a fava de baunilha e a água em uma caçarola grande e leve ao fogo alto até ferver. Reduza para fogo baixo e cozinhe sem tampar por 2 horas ou até o marmelo ficar macio e a calda ter reduzido. Com uma escumadeira, transfira o marmelo para uma tigela média e deixe esfriar. Reserve a calda e os paus de canela; descarte a fava. Fatie o marmelo ao meio no sentido do comprimento.
**2** Enquanto isso, prepare a cobertura crocante.
**3** Preaqueça o forno a 180 °C. Unte uma fôrma de fundo removível e bordas altas de 24 cm de diâmetro e forre a base com papel-manteiga.
**4** Peneire a farinha de trigo, a farinha de amêndoa, o fermento e o mix de especiarias dentro de uma tigela. Coloque a manteiga e o açúcar mascavo em uma tigela grande e bata com uma batedeira portátil até obter um creme claro e fofo. Junte o purê de castanha e bata até ficar liso. Adicione os ovos, um a um, batendo a cada adição. Misture à mão os ingredientes secos peneirados e o leite até incorporar tudo. Transfira a massa para a fôrma preparada. Disponha por cima da massa 12 fatias de marmelo em círculo e 4 fatias no centro. Espalhe a cobertura crocante.
**5** Asse o bolo por 1h15 ou até que um palito inserido no centro saia limpo. Deixe descansar na fôrma por 10 minutos antes de desenformar sobre uma grelha para esfriar. Sirva morno ou frio, regado com a calda reservada e decorado com os paus de canela.

COBERTURA CROCANTE Coloque a farinha, o açúcar e as nozes em uma tigela pequena. Misture a manteiga com os dedos até obter uma farofa grossa.

DICAS Aperte bem o açúcar mascavo na xícara medidora para obter a quantidade certa pedida na receita. Se a calda ficar um pouco rala, retire o marmelo com uma escumadeira e ferva a calda por mais 5 minutos, sem tampar, ou até engrossar.
TÉCNICAS Passo 1: ver ***"como utilizar favas de baunilha"***, página 276.
FAÇA ANTES O marmelo pode ser cozido com um dia de antecedência e armazenado dentro de um recipiente hermético na geladeira. O bolo fica mais gostoso se assado no dia.

# Minibolo cremoso de RUIBARBO, PERA E ROMÃ

TEMPO DE PREPARO + COZIMENTO **1 HORA (+RESFRIAMENTO)** RENDE **8 PORÇÕES**

1 pera pequena madura (180 g)
4 talos finos de ruibarbo (250 g) aparados (ver DICAS, páginas 172 e 174)
1 romã média (320 g)
100 g de manteiga amolecida
1/2 xícara (110 g) de açúcar
1 ovo
2/3 de xícara (100 g) de farinha de trigo com adição de fermento
2 colheres (sopa) de amido de milho
2 colheres (sopa) de açúcar, extra

CREME DE CANELA
1 colher (sopa) de amido de milho
1/4 de colher (chá) de canela em pó
2 colheres (sopa) de açúcar
1/2 xícara (125 ml) de leite
10 g de manteiga
1/2 colher (chá) de extrato de baunilha

1 Prepare o creme de canela.
2 Descasque a pera, retire o miolo e corte em fatias finas. Corte o ruibarbo em tiras longas com 1 cm de largura, e depois corte cada tira em pedaços de 7 cm. Corte a romã ao meio no sentido da largura. Segure uma metade sobre uma tigela e bata no fundo com uma colher de madeira para soltar as sementes e o suco. Coe o suco em uma jarra e reserve suco e sementes separados. Você vai precisar de 1/4 de xícara (60 ml) de suco; complete essa quantidade com água, se necessário.
3 Preaqueça o forno a 180 °C. Unte uma fôrma de minibolo inglês com oito cavidades com capacidade para 3/4 de xícara / 180 ml. Forre a base e as laterais mais compridas de cada cavidade com papel-manteiga.
4 Coloque a manteiga e o açúcar em uma tigela pequena e bata com uma batedeira portátil até obter um creme pálido e fofo. Adicione o ovo. Misture a farinha e o amido de milho peneirados. Divida a massa entre as cavidades da fôrma preparada; vai parecer pouco, mas não se preocupe. Cubra com cerca de 3 colheres (chá) de creme de canela, espalhando com cuidado sobre a massa. Disponha as fatias de pera e os pedaços de ruibarbo alternadamente e espalhe as sementes de romã por cima.
5 Asse os minibolos por 25 minutos ou até a massa ficar fofinha.
6 Enquanto isso, coloque o suco de romã reservado e o açúcar extra em uma caçarola pequena e leve ao fogo baixo, mexendo até dissolver o açúcar. Deixe ferver e cozinhe por mais 5 minutos ou até engrossar e ficar licoroso.
7 Deixe os minibolos descansarem na fôrma por 5 minutos antes de desenformar sobre um prato. Pincele o topo dos bolos ainda morno com a calda morna e sirva em seguida.

CREME DE CANELA Coloque o amido de milho, a canela, o açúcar e o leite em uma caçarola pequena e leve ao fogo médio, mexendo sempre até a mistura ferver e engrossar. Cozinhe por mais 1 minuto, sem parar de mexer. Retire do fogo e junte a manteiga e a baunilha. Transfira para uma tigela pequena e cubra a superfície com filme de PVC. Deixe esfriar.

TÉCNICAS Passo 2: ver ***"como retirar as sementes de uma romã"***, página 276.
FAÇA ANTES Estes minibolos ficam mais gostosos se assados no dia.

# Cuca de ruibarbo e baunilha

TEMPO DE PREPARO + COZIMENTO **2 HORAS 20 MINUTOS (+RESFRIAMENTO E REFRIGERAÇÃO)** RENDE **12 PORÇÕES**

**1 fava de baunilha**
**700 g de ruibarbo aparado (ver DICAS, páginas 172 e 174)**
**$^{1}/_{2}$ xícara (110 g) de açúcar**
**180 g de manteiga amolecida**
**2 colheres (chá) de extrato de baunilha**
**$1^{1}/_{3}$ xícara (300 g) de açúcar, extra**
**3 ovos**
**$^{3}/_{4}$ de xícara (180 g) de creme azedo (sour cream, ver GLOSSÁRIO)**
**$1^{1}/_{4}$ xícara (185 g) de farinha de trigo com adição de fermento**
**$^{1}/_{2}$ xícara (75 g) de farinha de trigo comum**
**$^{1}/_{2}$ xícara (40 g) de amido de milho**
**2 colheres (chá) de açúcar de confeiteiro**

COBERTURA CROCANTE DE AMÊNDOA
**$^{3}/_{4}$ de xícara (110 g) de farinha de trigo**
**$^{1}/_{3}$ de xícara (75 g) de açúcar mascavo (ver DICAS)**
**80 g de manteiga cortada em cubos**
**$^{1}/_{4}$ de xícara (30 g) de amêndoas laminadas cruas**

**1** Preaqueça o forno a 180 °C.
**2** Divida a fava de baunilha ao meio no sentido do comprimento; raspe as sementes e reserve (ver TÉCNICAS). Corte o ruibarbo em pedaços de 2,5 cm e ao meio no sentido do comprimento os que forem mais grossos. Coloque o ruibarbo, o açúcar e a fava de baunilha em uma travessa de cerâmica refratária larga e baixa de modo que o ruibarbo se espalhe em uma única camada. Asse por 25 minutos ou até ficar macio. Deixe esfriar. Descarte a fava, escorra o ruibarbo e reserve a calda.
**3** Enquanto isso, prepare a cobertura crocante de amêndoa.
**4** Unte uma fôrma quadrada de bordas altas e 23 cm. Forre a base e as laterais com papel-manteiga de modo que ultrapasse a borda em 5 cm.
**5** Coloque a manteiga, as sementes de baunilha reservadas, o extrato de baunilha e o açúcar extra em uma tigela pequena e bata com uma batedeira portátil até obter um creme pálido e fofo. Adicione os ovos, um a um, batendo a cada adição. Junte o creme azedo e bata mais uma vez. Transfira a mistura para uma tigela grande. Peneire os dois tipos de farinha e o amido de milho e misture à mão. Despeje metade da massa na fôrma preparada e cubra com metade do ruibarbo e da cobertura crocante de amêndoa. Repita o procedimento.
**6** Asse o bolo por 1h20 ou até que um palito inserido no centro saia limpo. Deixe descansar na fôrma por 5 minutos antes de desenformar, com o topo para cima, sobre uma grelha. Polvilhe o açúcar de confeiteiro. Sirva o bolo morno com o restante da calda de ruibarbo.

COBERTURA CROCANTE DE AMÊNDOA Coloque a farinha e o açúcar em uma tigela média. Misture a manteiga com os dedos até obter uma farofa grossa. Aperte a mistura entre os dedos para formar grumos. Junte as amêndoas, misture mais uma vez e leve à geladeira por 20 minutos ou até firmar.

DICAS Aperte bem o açúcar mascavo na xícara medidora para obter a quantidade certa pedida na receita. Você vai precisar de dois maços de ruibarbo para esta receita. Para espalhar a segunda camada de massa sobre a cobertura crocante de amêndoa sem misturar as duas, coloque colheradas de massa nos cantos da fôrma e puxe delicadamente em direção ao centro.
TÉCNICAS Passo 2: ver também ***"como utilizar favas de baunilha"***, página 276. Passo 4: ver ***"como forrar uma fôrma quadrada"***, página 276.

Coroa de maçã com cobertura caramelada
[RECEITA NAS PÁGINAS 262 E 263]

# Coroa de maçã COM COBERTURA CARAMELADA

TEMPO DE PREPARO + COZIMENTO **3 HORAS (+RESFRIAMENTO, REFRIGERAÇÃO E DESCANSO)** RENDE **8 PORÇÕES**

*Preparado com poucos ingredientes – nada além de maçãs e um toque de especiarias –, este bolo é cozido lentamente, o que faz com que os sabores fiquem mais apurados. Sirva como sobremesa, em especial para os convidados com intolerância ou sensibilidade ao glúten.*

1 fava de baunilha
1 pau de canela
$^2/_3$ de xícara (150 g) de açúcar
$^1/_2$ xícara (125 ml) de suco de maçã
2 colheres (sopa) de suco de limão-siciliano
80 g de manteiga amolecida cortada em cubos
10 maçãs verdes (2 kg) grandes
2 colheres (chá) de glucose de milho morna

COBERTURA CARAMELADA
1 fava de baunilha
$^1/_2$ xícara (125 ml) de leite
1 xícara (250 ml) de creme de leite fresco
$^1/_4$ de xícara (90 g) de melaço
4 gemas
2 colheres (sopa) de açúcar
$^1/_2$ xícara (120 g) de queijo mascarpone

**1** Preaqueça o forno a 180 °C. Unte uma fôrma de fundo removível de 20 cm e forre a base com papel-manteiga. Coloque a fôrma dentro de uma assadeira rasa forrada com papel-manteiga.
**2** Divida a fava de baunilha ao meio no sentido do comprimento e raspe as sementes (ver TÉCNICAS). Coloque as sementes e a fava em uma caçarola média junto com a canela, o açúcar, os dois tipos de suco e a manteiga e leve ao fogo médio, mexendo sempre, até dissolver o açúcar. Espere ferver e cozinhe por 5 minutos até o volume reduzir um pouco e formar uma calda. Transfira para uma tigela grande.
**3** Prepare duas maçãs por vez para a polpa não escurecer: descasque, tire o miolo e fatie com uma mandolina ou uma faca afiada de modo a obter fatias de 3 mm de espessura. Coloque a maçã na tigela com a calda e misture até as fatias ficarem cobertas. Escorra a maçã e disponha na fôrma preparada, sobrepondo metade de cada fatia. Preencha o centro com pedacinhos menores para ficar bem justinho. Aperte bem a maçã, pelo menos duas vezes enquanto monta as camadas, para firmar bem, e escorra o excesso de líquido para a caçarola.
**4** Descasque as maçãs restantes, deixando o cabinho. Use uma mandolina ou uma faca afiada para cortar a maçã inteira no sentido do comprimento, inclusive o miolo, e retire as sementes.

[FOTOS NAS PÁGINAS 260 E 261]

Envolva as fatias na calda restante e arrume-as para fazer a última camada na fôrma preparada, sobrepondo-as pela metade. Cubra com papel-manteiga e depois com papel-alumínio.

**5** Asse a coroa de maçã por 1 hora. Remova o papel-alumínio e o papel-manteiga e asse por mais 1 hora ou até ficar macio o suficiente para inserir uma faca através das camadas com facilidade, pincelando de vez em quando com o restante da calda. Deixe esfriar em temperatura ambiente.

**6** Cubra a superfície da coroa com papel-manteiga e cubra a fôrma toda com filme de PVC. Leve à geladeira por 4 horas ou até esfriar e firmar.

**7** Enquanto isso, prepare a cobertura caramelada.

**8** Para desenformar, passe uma faca lisa e um pano quente entre a coroa de maçã e a fôrma. Remova o aro. Disponha o doce com cuidado sobre um prato de servir e deixe em temperatura ambiente por 1 hora antes de cortar. Pincele o topo com um pouco de glucose de milho morna e sirva acompanhado da cobertura caramelada.

**COBERTURA CARAMELADA** Divida a fava de baunilha ao meio no sentido do comprimento e raspe as sementes (ver TÉCNICAS). Coloque as sementes e a fava em uma caçarola média junto com o leite e o creme de leite. Leve ao fogo médio, mexendo sempre, até quase ferver. Retire do fogo e misture o melaço. Bata ligeiramente as gemas e o açúcar em uma tigela refratária média e despeje aos poucos a mistura de leite quente. Coloque de volta na panela e leve ao fogo baixo. Cozinhe, mexendo sempre, por 3 minutos ou até engrossar o suficiente para cobrir as costas de uma colher. Coe em uma tigela e cubra a superfície com filme de PVC. Deixe esfriar. Coloque o mascarpone em uma tigela e bata à mão até ficar macio. Aos poucos, acrescente o creme reservado.

**DICA** Para cortar o bolo, é melhor usar uma faca de serra.
**TÉCNICAS** Passos 2 e 7: ver ***"como utilizar favas de baunilha"***, página 276.
**FAÇA ANTES** Tanto o bolo quanto o creme podem ser preparados com um dia de antecedência. Guarde-os cobertos na geladeira.

# Coroa de maçã
## COM COBERTURA CARAMELADA

[RECEITA NAS PÁGINAS 262 E 263]

PARA FATIAR AS MAÇÃS
Fatie as maçãs usando uma mandolina regulada para fatias de 3 mm. Você também pode utilizar uma faca bem afiada.

PARA AROMATIZAR AS MAÇÃS
Mergulhe as fatias de maçã na mistura de sucos e manteiga para evitar que escureçam e também para dar mais sabor.

PARA MONTAR AS CAMADAS
Disponha as fatias de maçã na fôrma preparada, sobrepondo-as ligeiramente e formando camadas o mais uniformes possível. Termine as camadas com as fatias de maçã que têm o cabinho e o miolo intacto, mas antes certifique-se de ter removido todas as sementes.

PARA FAZER O CREME
Coloque as gemas e o açúcar em uma tigela e bata ligeiramente. Aos poucos, despeje a mistura de leite e creme de leite, mexendo vigorosamente até incorporar tudo.

PARA ENGROSSAR O CREME
Coloque a mistura de leite e gemas de volta na panela e leve ao fogo médio, mexendo sempre com uma colher de madeira, até engrossar o suficiente para cobrir as costas da colher. Para ter certeza do ponto, passe o dedo nas costas da colher – deve se formar um sulco nítido.

PARA SERVIR
Sirva a coroa de maçã pincelada com a glucose e a cobertura caramelada. Corte os pedaços com uma faca de serra.

# Bolo de mascarpone E VINHO COM PERA POCHÊ

TEMPO DE PREPARO + COZIMENTO **50 MINUTOS (+RESFRIAMENTO E REFRIGERAÇÃO)** RENDE **8 PORÇÕES**

*Comece esta receita no dia anterior.*

**6 peras (1,4 kg) de polpa firme médias**
**1 fava de baunilha**
**$3^1/_2$ xícaras (770 g) de açúcar**
**3 xícaras (750 ml) de vinho branco doce (ver DICAS)**
**2 xícaras (500 ml) de água**
**500 g de queijo mascarpone**
**$^3/_4$ de xícara (180 ml) de creme de leite fresco**
**2 gemas**
**1 colher (sopa) de açúcar de confeiteiro**
**60 g de chocolate meio amargo ralado**
**2 colheres (sopa) de conhaque**
**375 g de biscoito champanhe**

**1** Descasque as peras, deixando o cabinho intacto, e corte-as ao meio. Divida a fava de baunilha ao meio no sentido do comprimento e raspe as sementes (ver TÉCNICAS). Coloque as sementes e a fava em uma caçarola grande junto com o açúcar, o vinho e a água. Leve ao fogo médio, mexendo sempre, até dissolver o açúcar. Deixe ferver, reduza para fogo baixo e cozinhe por 1 minuto. Junte as metades de pera, cobrindo-as com um disco de papel-manteiga e um prato pequeno para mantê-las submersas. Cozinhe por 15 minutos ou até a pera ficar macia. Deixe esfriar.
**2** Coloque o mascarpone, o creme de leite, as gemas e o açúcar de confeiteiro em uma tigela grande e bata com uma batedeira portátil até formar picos moles. Junte o chocolate ralado e misture à mão. Cubra e leve à geladeira até a hora de usar.
**3** Forre uma fôrma de bolo inglês com 10 cm x 23 cm e 7,5 cm de profundidade com filme de PVC de maneira que ultrapasse bem as bordas.
**4** Corte 2 peras em fatias de 1 cm de espessura. Coloque 2 xícaras (500 ml) do líquido do cozimento das peras em uma tigela grande junto com o conhaque. Molhe os dois lados de 8 ou 9 biscoitos nessa mistura, um de cada vez. Arrume os biscoitos na fôrma preparada, dispondo-os no sentido da largura e aparando as pontas se necessário. Espalhe $1^1/_2$ xícara (375 ml) do creme de mascarpone sobre os biscoitos e cubra com as fatias de pera, sobrepondo-as ligeiramente. Faça mais uma camada de creme de mascarpone, desta vez com 5 mm de altura. Molhe 10 biscoitos no líquido do cozimento e coloque-os sobre o mascarpone, dispondo-os no sentido do comprimento e aparando as pontas se necessário (arrumar os biscoitos em direções opostas ajuda a montar o bolo em fôrmas com laterais anguladas). Espalhe o restante do creme de mascarpone sobre os biscoitos e finalize a montagem com mais uma camada de biscoitos embebidos no líquido. Bata a fôrma com delicadeza sobre a superfície de trabalho para assentar as camadas. Cubra a superfície com filme de PVC e deixe na geladeira de um dia para o outro.
**5** Enquanto isso, coloque 1 xícara (250 ml) do líquido do cozimento e a fava de baunilha em uma caçarola pequena e leve ao fogo médio por 5 minutos ou até engrossar. Deixe esfriar e leve à geladeira até a hora de usar.
**6** Para desenformar, vire o bolo sobre um prato de servir e retire o filme de PVC. Disponha metade das peras sobre o bolo e regue com a calda reservada. Sirva acompanhado do restante das peras.

**DICAS** Você pode usar o moscatel, vinho de origem italiana com baixo teor alcoólico e levemente frisante. A fôrma utilizada tem capacidade para 2,2 litros. Para facilitar na hora de forrar a fôrma, umedeça-a antes. Na hora de servir, você pode cortar as peras em quartos, se preferir.
**TÉCNICAS** Passo 1: ver ***"como utilizar favas de baunilha"***, página 276.
**FAÇA ANTES** Esta receita precisa ser preparada com um dia de antecedência. Decore pouco antes de servir.

Bolo brioche de marmelo
[RECEITA NAS PÁGINAS 270 E 271]

# Bolo brioche DE MARMELO

TEMPO DE PREPARO **6 HORAS (+RESFRIAMENTO, REFRIGERAÇÃO E DESCANSO)** RENDE **8 PORÇÕES**

*Comece esta receita no dia anterior.*

**5 marmelos médios (1,75 kg)**
**$4\frac{1}{2}$ xícaras (990 g) de açúcar**
**3 xícaras (750 ml) de água**
**2 xícaras (500 ml) de vinho rosé (ver DICA)**
**8 grãos de pimenta-do-reino**
**3 folhas de louro fresco**
**2 favas de baunilha divididas ao meio no sentido do comprimento (ver TÉCNICAS)**
**1 colher (chá) de açúcar de confeiteiro**

BRIOCHE
**2 colheres (chá) de fermento biológico seco (7 g)**
**$\frac{1}{4}$ de xícara (55 g) de açúcar**
**$\frac{2}{3}$ de xícara (160 ml) de leite morno**
**4 gemas**
**2 xícaras (300 g) de farinha de trigo**
**2 colheres (chá) de flor de sal**
**80 g de manteiga amolecida cortada em cubos**

FRANGIPANE DE AMÊNDOA
**80 g de manteiga amolecida cortada em cubos**
**$\frac{1}{2}$ xícara (110 g) de açúcar**
**1 ovo**
**1 xícara (120 g) de farinha de amêndoa**
**1 colher (sopa) de farinha de trigo**

**1** Preaqueça o forno a 150 °C.
**2** Descasque os marmelos e reserve metade das cascas. Corte em quartos, sem retirar o miolo.
**3** Coloque o açúcar, a água, o vinho, os grãos de pimenta, as folhas de louro e as favas de baunilha em uma panela de ferro grande ou em uma assadeira e leve ao fogo médio, misturando até dissolver o açúcar. Junte o marmelo e as cascas reservadas e espere ferver. Cubra com um pedaço de papel-manteiga e depois cubra firmemente com papel-alumínio ou com uma tampa. (Certifique-se de que o marmelo esteja submerso.) Asse por 5 horas, virando o marmelo duas vezes, ou até a fruta fica macia e com uma coloração vermelha forte. Deixe esfriar na calda. Cubra e leve à geladeira de um dia para o outro.
**4** Enquanto isso, prepare o brioche.
**5** No dia seguinte, retire o marmelo da calda usando uma escumadeira. Remova o miolo e corte cada quarto ao meio no sentido do comprimento. Coe a calda, reservando as folhas de louro e as favas de baunilha e descartando as cascas e os grãos de pimenta. Separe 2 xícaras (500 ml) da calda. Mergulhe o marmelo escorrido de volta no restante da calda e reserve. Coloque a calda separada em uma caçarola média e leve ao fogo médio, cozinhando por 5 minutos ou até engrossar.
**6** Enquanto isso, prepare o frangipane de amêndoa.
**7** Preaqueça o forno a 210 °C.
**8** Abra a massa do brioche em formato ovalado sobre um pedaço de papel-manteiga de 18 cm x 34 cm bem enfarinhado. Transfira o papel e a massa para uma assadeira larga de bordas baixas. Espalhe o frangipane sobre a massa, deixando uma borda de 1,5 cm. Cubra com $\frac{3}{4}$ do marmelo e feche com filme de PVC sem apertar muito. Deixe descansar em local protegido por 20 minutos ou até crescer um pouco.

**9** Asse o brioche por 25 minutos ou até crescer e dourar, e a massa assar por completo. Deixe esfriar por 5 minutos. Sirva o brioche acompanhado do restante do marmelo e decorado com as folhas de louro e a fava de baunilha reservadas. Regue tudo com um pouco da calda reduzida e polvilhe o açúcar de confeiteiro.

**BRIOCHE** Misture o fermento, 1 colher (sopa) do açúcar e o leite em uma tigelinha. Cubra e deixe em local protegido por 10 minutos ou até formar uma espuma. Junte as gemas e mexa. Coloque a farinha, o sal e o restante do açúcar na tigela da batedeira montada com a ferramenta gancho. Adicione a mistura de fermento e bata em velocidade baixa até incorporar. Aumente para velocidade média e bata por 5 minutos ou até a massa ficar lisa e elástica. Junte a manteiga, um pedaço por vez, batendo até incorporar. Transfira a massa para uma tigela grande untada com óleo e cubra com três camadas de filme de PVC bem apertadas. Leve à geladeira por 4 horas ou de um dia para o outro. (Para preparar a massa à mão, coloque os ingredientes em uma tigela grande e misture com uma colher de madeira. Transfira para uma superfície de trabalho bem enfarinhada e sove por 5 minutos ou até a massa ficar lisa. Adicione a manteiga, um pedaço por vez, sovando bem após cada adição até incorporar.)

**[FOTOS NAS PÁGINAS 268 E 269]**

**FRANGIPANE DE AMÊNDOA** Coloque a manteiga e o açúcar em uma tigela pequena e bata com uma batedeira portátil até obter um creme pálido e fofo. Adicione o ovo e bata mais um pouco. Misture à mão a farinha de amêndoa e a de trigo.

**DICA** Nesta receita, o marmelo é cozido em uma calda feita com vinho rosé, mas você pode usar um tinto leve ou um branco, se preferir. Para uma versão sem álcool, use suco de uvas verdes.
**TÉCNICAS** Passo 3: ver ***"como utilizar favas de baunilha"***, página 276.
**FAÇA ANTES** Tanto a massa do brioche quanto as peras devem ser preparadas com um dia de antecedência, pois precisam ficar na geladeira de um dia para o outro. O frangipane de amêndoa também pode ser preparado de véspera; no entanto, precisa estar em temperatura ambiente para ser espalhado sobre a massa.

## TIPOS DE MAÇÃ

As melhores maçãs para utilizar em bolos são as que mantêm o formato, contêm pouca água e possuem sabor agridoce equilibrado. Em geral, as variedades verdes são as melhores, mas alguns tipos de casca vermelha também podem ser usadas.

## XÍCARAS *medidoras*

AO USAR XÍCARAS MEDIDORAS, ENCHA O RECIPIENTE E DEPOIS PASSE UMA FACA PELA SUPERFÍCIE PARA NIVELAR. NO CASO DO AÇÚCAR MASCAVO, É PRECISO APERTÁ-LO NA XÍCARA PARA OBTER A QUANTIDADE DESEJADA. SEMPRE MEÇA O INGREDIENTE ANTES DE PENEIRÁ-LO.

**MARMELOS** *são frutas grandes, de coloração amarelada, disponíveis nos meses de inverno. A polpa é perfumada e bem firme e, assim como a de maçãs e peras, tende a escurecer. Quando cozida lentamente com açúcar, adquire uma cor avermelhada brilhante e fica bastante aromática.*

## O QUE COMBINA COM *maçãs e peras*

Maçãs e peras são fáceis de encontrar o ano todo e combinam bem com os sabores quentes de especiarias, castanhas tostadas, vinhos fortificados, ervas amadeiradas e açúcares escuros. Por outro lado, podem ser servidas com sabores mais leves, como o de um vinho de sobremesa floral ou cítrico.

## CAÇAROLAS DE FUNDO GROSSO

**Para preparar cremes e caramelos, utilize caçarolas de fundo grosso. Tanto o leite quanto o caramelo contêm açúcar, que pode grudar e queimar no fundo de panelas muito finas.**

# MARMELO COR DE RUBI

**Para garantir que os marmelos fiquem com uma linda coloração avermelhada depois de cozidos, substitua um terço da água do cozimento por vinho tinto.**

# Variações de MARMELO

Os marmelos não costumam ser divididos em variedades, mas vale a pena saber que há diferenças entre eles. Uns adquirem um tom rosado depois de cozidos, outros ficam avermelhados e alguns se tornam vermelhos bem escuros. O tempo de cozimento também é diferente para cada tipo.

**SEM ESCURECER** Para evitar que a polpa de marmelos, maçãs e peras escureça, pincele um pouco de suco de limão-siciliano. Ao utilizar essas frutas em bolos, evite colocá-las em água com limão, pois o excesso de umidade pode prejudicar a textura do bolo.

# ESCOLHER PERAS

Ao contrário das maçãs, que são colhidas já maduras, as peras são colhidas ainda verdes e devem amadurecer em temperatura ambiente, o que pode levar de 3 a 8 dias. Se quiser acelerar esse processo, coloque as peras junto de frutas que liberam o gás etileno, como bananas e maçãs, seja em um saco de papel ou lado a lado em uma fruteira. Para verificar se já estão boas, pressione levemente perto do cabo; a fruta deve ceder um pouco. Depois de cortada, consuma em seguida ou guarde na geladeira, pois a fruta se deteriora muito rápido.

## COZINHAR PERAS

A MELHOR PERA PARA USO CULINÁRIO É A WILLIAMS; COM POLPA FIRME E LEVEMENTE ÁCIDA, ESSA VARIEDADE SERVE PARA ASSAR, COZINHAR, SALTEAR E GRELHAR. A VARIEDADE D'ANJOU TAMBÉM FICA BOA QUANDO COZIDA.

# Bolo invertido de XAROPE DE BORDO E CAQUI

TEMPO DE PREPARO + COZIMENTO **2 HORAS 15 MINUTOS (+RESFRIAMENTO)** RENDE **12 PORÇÕES**

**1 xícara (125 ml) de xarope de bordo (maple syrup)**
**220 g de manteiga sem sal amolecida cortada em cubos**
**3 caquis fuyu (fuji) (600 g) cortados em rodelas finas**
**1 1/2 xícara (330 g) de açúcar**
**1 colher (sopa) de raspas da casca de limão-siciliano**
**3 ovos, claras e gemas separadas**
**1 1/2 colher (chá) de extrato de baunilha**
**3/4 de xícara (115 g) de farinha de trigo**
**1 1/2 colher (chá) de fermento químico em pó**
**3/4 de xícara (180 ml) de leite**
**1 1/2 xícara (270 g) de semolina**
**3/4 de xícara (100 g) de pistaches sem casca grosseiramente picados**
**2 caquis fuyu (fuji) (400 g), extras, cortados em rodelas**

**1** Preaqueça o forno a 170 °C. Unte uma fôrma redonda de 24 cm e forre a base com papel-manteiga.
**2** Coloque o xarope de bordo e 75 g da manteiga em uma caçarola pequena e leve ao fogo baixo por 2 minutos ou até a manteiga derreter. Aumente para fogo médio e espere ferver. Cozinhe assim por 4 minutos ou até engrossar. Deixe esfriar por 5 minutos.
**3** Despeje metade da calda de xarope de bordo na fôrma preparada, reservando o restante na panela. Disponha as fatias finas de caqui na base da fôrma e um pouco pelas laterais.
**4** Coloque o restante da manteiga, o açúcar e as raspas de limão em uma tigela média e bata com uma batedeira portátil por 6 minutos ou até obter um creme pálido e fofo. Adicione as gemas e a baunilha, batendo até incorporar. Junte a farinha e o fermento peneirados e depois o leite, batendo em velocidade baixa. Acrescente a semolina e bata mais uma vez até misturar tudo.
**5** Coloque as claras em uma tigela metálica média e bata com uma batedeira portátil até obter picos firmes. Misture à massa do bolo delicadamente, fazendo movimentos circulares de baixo para cima. Com cuidado, espalhe a massa sobre as fatias de caqui na fôrma e cubra com o pistache.
**6** Asse o bolo por 1h20 ou até que um palito inserido no centro saia limpo. Deixe descansar na fôrma por 30 minutos. Antes de desenformar, passe uma faca sem serra e sem ponta entre o bolo e a fôrma para soltar as laterais e vire o bolo sobre o prato de servir.
**7** Coloque o caqui extra na panela com a calda reservada. Leve ao fogo baixo e cozinhe por 5 minutos, virando as rodelas de vez em quando para envolvê-las bem. Cubra o bolo pronto com o caqui e a calda.

**DICA** O caqui é uma fruta outonal, da qual existem duas variedades: uma adstringente, de polpa macia, e outra não adstringente, de polpa firme, também chamada fuyu (fuji). Esta última é a variedade utilizada nesta receita.
**TÉCNICAS** Passo 1: ver *"como forrar uma fôrma redonda"*, página 276.
**FAÇA ANTES** Este bolo fica mais gostoso se assado no dia.

COMO FORRAR UMA FÔRMA REDONDA Recorte uma tira de papel-manteiga larga o suficiente para cobrir a lateral da fôrma e ainda sobrar um pouco para cima e sobre a base. Faça uma dobra de 2 cm em uma das pontas e alguns cortes ao longo de toda a extensão da tira. Recorte um disco de papel usando a fôrma como molde. Unte a fôrma e depois ajuste a tira na lateral e o disco na base.

COMO FORRAR UMA FÔRMA QUADRADA Recorte tiras de papel-manteiga compridas o suficiente para cobrir a base da fôrma, as laterais e ainda sobrar um pouco para fora. Unte a base e as laterais da fôrma e posicione o papel e m direções opostas. Unte entre as tiras de papel para mantê-las no lugar e alise a superfície.

COMO ASSAR MASSA FILO E DEIXÁ-LA PLANA Disponha os retângulos de massa em assadeiras com papel-manteiga. Empilhe as assadeiras de maneira que façam peso sobre as camadas de massa. É preciso que as assadeiras sejam bem planas ou ligeiramente menores umas em relação às outras para que se encaixem bem.

COMO PREPARAR DOCE DE LEITE Despeje o leite condensado em um refratário de porcelana com a capacidade descrita na receita. Cubra com papel-alumínio, dobrando as bordas para cima para não encostar na água do banho--maria. Acomode o refratário em uma assadeira maior e leve ao forno. Despeje água fervente na assadeira até a metade da altura do refratário. Cozinhe conforme as instruções da receita.

COMO UTILIZAR FAVAS DE BAUNILHA Corte a fava de baunilha ao meio no sentido do comprimento, usando uma faca afiada. Segure uma das pontas da fava e raspe as sementes de cada metade com a pontinha da faca.

COMO RETIRAR AS SEMENTES DE UMA ROMÃ Use uma faca para cortar a romã ao meio no sentido da largura. Segure uma das metades com o lado cortado virado para baixo sobre uma tigela. Bata em todo o exterior da fruta com uma colher de madeira para soltar as sementes. Descarte a membrana branca.

COMO SEPARAR OS GOMOS DE FRUTAS CÍTRICAS Corte o topo e a parte de baixo da fruta e descarte. Descasque a fruta, seguindo seu formato e retirando a casca externa e a membrana branca. Segure a fruta sobre uma tigela e faça cortes ao lado de cada membrana transparente para soltar o gomo.

COMO FATIAR UM ABACAXI Para o Bolo invertido de abacaxi e gengibre com creme azedo (página 178), corte a coroa e a base do abacaxi e descasque-o. Corte em quatro partes no sentido do comprimento e retire o miolo. Corte cada parte no sentido da largura em 12 fatias finas, obtendo assim um total de 48 fatias.

**COMO DISSOLVER FOLHAS DE GELATINA** Encha uma tigela média larga com água fria. Coloque as folhas de gelatina, uma a uma, dentro da água e deixe submersas durante 3 minutos ou até amolecerem e ficarem flexíveis. Apanhe todas as folhas com a mão e esprema para retirar o excesso de água. Use conforme indicado na receita.

**COMO DISSOLVER GELATINA EM PÓ** Polvilhe a gelatina em pó sobre água (ou outro líquido) em uma tigela refratária pequena. Encha uma caçarola pequena com água o suficiente para igualar o nível da mistura de gelatina dentro da tigela. Quando estiver quase fervendo, coloque a tigela dentro da água e misture até a gelatina se dissolver por completo.

**COMO PREPARAR CARAMELO E PRALINÉ** Leve o açúcar e a água ao fogo médio, sem ferver, mexendo até dissolver o açúcar. Use um pincel culinário mergulhado em água fria para remover os cristais da lateral da panela. Espere ferver, sem mexer, e cozinhe até formar um caramelo dourado. Para o praliné, despeje o caramelo sobre castanhas espalhadas em uma assadeira forrada com papel-manteiga.

**COMO CORTAR ROSCAS DE MAÇÃ, NOZES E CANELA** Use uma faca afiada para fazer oito cortes a intervalos regulares por toda a volta da rosca, de fora para dentro, cortando $^{3}/_{4}$ da largura, sem separar os pedaços.

**COMO DERRETER CHOCOLATE** Encha uma panela com água e leve ao fogo até quase ferver. Coloque o chocolate em uma tigela refratária pequena e encaixe-a sobre a panela; cuide para que a água não encoste no fundo da tigela. Mexa até o chocolate derreter e ficar liso. Retire a vasilha do fogo imediatamente.

**COMO NIVELAR UM BOLO** Usando uma faca de serra grande, posicione a lâmina horizontalmente na altura que você deseja cortar. Mantenha essa linha e corte o bolo o mais plano possível. Descarte as aparas.

**COMO DIVIDIR UM BOLO EM CAMADAS IGUAIS** Use uma régua para fazer marcações na altura do bolo de acordo com o número de camadas desejado. Faça cortes rasos em toda a volta do bolo. Se precisar de três camadas, comece pela de cima. Corte o bolo seguindo as marcas. Separe a camada de cima usando uma espátula larga ou a base de uma fôrma de fundo removível.

**COMO DECORAR UM BOLO SEM FAZER BAGUNÇA** Coloque o bolo em um suporte. Encaixe tiras de papel-manteiga sob o bolo para recolher o excesso de cobertura e recheio. Decore o bolo conforme as instruções da receita. Com cuidado, remova as tiras de papel, uma por vez, deixando o suporte limpo.

# TIPOS

No mercado, há inúmeras fôrmas de bolo, de diversas marcas e materiais. As fôrmas de alumínio são as mais recomendadas, pois esse material é um excelente condutor de calor, o que faz os bolos ficarem com uma crosta dourada uniforme; para pão de ló, não existe nada melhor. As fôrmas antiaderentes, anodizadas ou feitas de aço inoxidável ou estanho tendem a acelerar o cozimento, portanto, diminua a temperatura do forno em 10 °C. O revestimento com teflon e a anodização são ideais para as fôrmas com furo no meio ou aquelas bem desenhadas e decoradas, já que evitam que a massa grude na fôrma. Sempre meça as fôrmas pelo interior da parte de cima. Tome cuidado em especial com o número marcado nas formas de fundo removível, pois muitas vezes ele não corresponde exatamente à capacidade da fôrma quando fechada.

# PRIMEIRA VEZ

A temperatura do forno varia conforme o equipamento, portanto, ao utilizar uma fôrma de bolo nova pela primeira vez, é uma boa ideia anotar ao lado da receita qual foi o tempo de cozimento e a temperatura do forno.

# *Variar a* FÔRMA

**Se quiser variar a apresentação do bolo usando outros tipos de fôrma, consulte a tabela abaixo e procure qual é a capacidade da fôrma indicada na receita. Depois, procure uma assadeira de outro formato mas com capacidade similar. Lembre-se de que, se a receita recomendar uma fôrma de fundo removível e você usar uma fôrma redonda, por exemplo, será necessário inverter o bolo na hora de desenformar. Você também precisará ficar de olho no tempo de forno e ajustá-lo de acordo com a fôrma escolhida, em especial ao trocar fôrmas de furo no meio por outras.**

### FÔRMA REDONDA DE BORDA ALTA

**15 cm** 1,125 litro (4 1/2 xícaras)
**20 cm** 2 litros (8 xícaras)
**22 cm** 2,5 litros (10 xícaras)
**24 cm** 3,125 litros (12 1/2 xícaras)
**26 cm** 3,5 litros (14 xícaras)

### FÔRMA DE FUNDO REMOVÍVEL

**10 cm** 250 ml (1 xícara)
**20 cm** 1,75 litro (7 xícaras)
**21 cm** 2,125 litros (8 1/2 xícaras)
**22 cm** 2 litros (8 xícaras)
**23 cm** 2,5 litros (10 xícaras)
**24 cm** 2,75 litros (11 xícaras)
**26 cm** 3,25 litros (13 xícaras)

### FÔRMAS ESPECIAIS

**cilindro, 10 cm x 22 cm** 3 litros (12 xícaras)
**coração, 18 cm** 1,25 litro (5 xícaras)
**furo no meio, 11 cm** 250 ml (1 xícara)
**furo no meio e bordas altas, 21 cm** 2,25 litros (9 xícaras)
**furo no meio, 22 cm** 1,75 litro (7 xícaras)
**furo no meio, 24 cm** 2,75 litros (11 xícaras)
**furo no meio e fundo removível** não substituir
**assadeira de rocambole** se a fôrma for mais comprida em apenas uma das laterais, não há problema

### FÔRMA COM VÁRIAS CAVIDADES

**para friands** 80 ml (1/3 de xícara)
**para muffins com 12 cavidades** 80 ml (1/3 de xícara)
**para muffins com 6 cavidades** 180 ml (2/3 de xícara)
**para minibolo inglês** 180 ml (3/4 de xícara)

### FÔRMA DE BOLO INGLÊS

**10 cm x 25 cm x 7,5 cm** 1,5 litro (6 xícaras)
**15 cm x 23,5 cm x 9 cm** 2,5 litros (9 xícaras)

### FÔRMA QUADRADA

**19 cm** 2,5 litros (10 xícaras)
**20 cm** 3 litros (12 xícaras)
**22 cm** 3,75 litros (15 xícaras)
**23 cm** 3,75 litros (15 xícaras)

Há boas razões para a receita indicar se a fôrma deve ser untada, untada e forrada ou untada e enfarinhada. Siga as instruções à risca.

**AÇÚCAR**
*cristal* açúcar branco com pequenos grãos brilhantes.
*de baunilha* disponível em lojas especializadas em especiarias, é possível fazer uma versão caseira colocando uma ou duas favas de baunilha dentro de um pote de açúcar.
*de coco* também conhecido por jagra, é produzido a partir da seiva da árvore de forma artesanal, o que faz com que a cor varie de marrom-claro até bem escuro; é vendido em bloquinhos e às vezes confundido com rapadura; procure também como açúcar de coco ou de palma.
*de confeiteiro* de cor branca e extremamente fino; pode ser substituído por açúcar refinado moído finamente com um pouco de amido de milho.
*demerara* variedade com pequenos grânulos de cor amarelada.
*mascavo* não refinado, finamente granulado, com teor variável de resíduos de melaço, o que lhe confere coloração e sabor; deve ser medido apertando-se bem o ingrediente no medidor.
*refinado* variedade mais comum, de cor branca, dissolve facilmente.
**ÁGUA DE FLOR DE LARANJEIRA**
concentrado obtido a partir da floração da laranjeira. Disponível em lojas de produtos árabes e alguns supermercados. Não pode ser substituído por aromatizantes cítricos, pois seu sabor é completamente diferente.
**ÁGUA DE ROSAS** extrato produzido a partir da prensagem de pétalas de rosas, chamado de gulab na Índia. Utilizada por suas qualidades aromáticas em muitas compotas e sobremesas.
**AMÊNDOA** noz ovalada e achatada; uma vez aberta, a casca marrom revela uma semente clara e cremosa coberta por uma pele também marrom.
*em palito* cortada em pedacinhos no sentido do comprimento.
*laminadas* fatias bem finas.
*moída* também chamada de farinha de amêndoa.
**AMENDOIM** é uma leguminosa, como o feijão e a ervilha, mas por conta do alto teor de gordura boa é considerado uma oleaginosa. Na confeitaria, é utilizado principalmente cru ou tostado sem sal.
**AMIDO DE MILHO (MAISENA)** é usado para engrossar caldos e líquidos em geral.
**ANIS-ESTRELADO** vagem desidratada com formato de estrela e sabor acentuado de anis; utilizado para aromatizar sobremesas bem como caldos e marinadas. Disponível inteiro ou em pó.
**ASSAR/TOSTAR** as castanhas podem ser assadas no forno para acentuar seu sabor e liberar seus óleos essenciais aromáticos. Espalhe o ingrediente por igual em uma assadeira e leve ao forno a 180 °C por 5 minutos. Coco ralado, pignoli e gergelim ficam melhores se tostados em fogo baixo em uma frigideira de fundo grosso; mexa sempre para que dourem por igual.
**AVELÃ** espécie de castanha com formato arredondado, do tamanho de uma uva pequena. De sabor adocicado, possui uma pele amarronzada; para removê-la, aqueça as avelãs e depois esfregue-as vigorosamente com um pano limpo.
*farinha* obtida com a moagem das avelãs em textura fina, é usada em bolos e pães ou como espessante.
**BAUNILHA**
*essência* versão artificial e a mais comumente encontrada nos supermercados, substitui o extrato natural, mas é menos saborosa e perfumada.
*extrato* produzido a partir da infusão das favas em água; versão sem álcool da essência.
*fava* vagem fina e comprida de uma espécie de orquídea tropical dourada desidratada; as pequeninas sementes conferem um sabor delicioso a bolos e sobremesas (ver "*como utilizar favas de baunilha*", página 276). Guarde uma fava dentro de um pote de açúcar para aromatizá-lo; a mesma fava pode ser utilizada três ou quatro vezes.
*pasta* produzida a partir das favas, contém as sementes e é altamente concentrada: 1 colher (chá) tem o mesmo efeito que uma fava inteira.
**BETERRABA** tubérculo firme e arredondado rico em açúcar; ocorre em várias cores, mas a versão arroxeada é a mais usada na alimentação.
**BICARBONATO DE SÓDIO** agente de fermentação.
**BISCOITO INGLÊS** feito a partir de uma massa porosa, é bastante utilizado em pavês; coberto com açúcar, é chamado de biscoito champanhe.
**CACAU EM PÓ** obtido depois que as amêndoas de cacau são torradas e moídas, resultando em um pó de sabor seco ao qual não se adiciona nenhum tipo de açúcar.
*processado* tratado com substâncias alcalinas para neutralizar a acidez natural do cacau. De coloração marrom avermelhada, tem sabor suave e é fácil de ser dissolvido.
**CANELA** disponível em pedaços (pau) ou finamente moída até virar pó. É uma especiaria muito comum no mundo todo, utilizada para dar um sabor adocicado e perfumado tanto a preparações doces quanto salgadas.
**CAPIM-LIMÃO** também chamado de capim-cidreira ou erva-cidreira, tem folhas compridas e pontudas, com aroma e sabor cítrico. A parte mais usada na culinária é a base branca. Esmague levemente o bulbo branco com a parte chata de uma faca pesada para liberar o aroma e o sabor antes de picar.
**CAQUI** disponível em duas versões: adstringente e não adstringente. O caqui adstringente tem formato de coração e deve ser consumido bem maduro, do contrário seu sabor "amarra" a boca. O caqui não adstringente, também conhecido como caqui fuyu (fuji), é mais arredondado e de polpa mais firme.
**CARDAMOMO** especiaria de origem indiana bastante utilizada nos pratos dessa tradição culinária; disponível em bagas, sementes ou em pó. Tem sabor bem característico, aromático e adocicado.
**CASTANHA PORTUGUESA** o doce cremoso feito com esse fruto pode ser encontrado em lojas de produtos importados, em estabelecimentos especializados em produtos gourmet e em alguns supermercados.
**CHOCOLATE**
*amargo e meio amargo* feito a partir de grandes doses de cacau, tanto de manteiga como de liquor (líquido obtido a partir da moagem

das amêndoas do cacau; não confundir com "licor", a bebida alcoólica), com adição de pouquíssimo açúcar.
*ao leite* suave e bem doce; seu processo de fabricação é semelhante ao do chocolate amargo, diferindo apenas pela adição de sólidos do leite.
*branco* não contém liquor, apenas a manteiga de cacau, leite (sólidos) e açúcar. Muito sensível ao calor.
*para cobertura* expressão usada para indicar um tipo de chocolate de ótima qualidade com alto teor de cacau, tanto manteiga como liquor.
**COCO**
*creme* produto da primeira prensagem somente da polpa do coco, sem adição de água; a segunda prensagem (menos encorpada) é comercializada como "leite de coco". Disponível na maioria dos supermercados.
*em flocos* polpa do coco desidratada em flocos.
*em lascas finas* fitas de polpa de coco seca sem adição de açúcar.
*ralado* polpa do coco concentrada, desidratada e finamente picada, sem adição de açúcar.
**CORANTE ALIMENTÍCIO** ingrediente feito à base de substâncias vegetais, encontrado na forma líquida, em pasta ou gel. Disponível em lojas especializadas em produtos de confeitaria.
**CRAVO-DA-ÍNDIA** botão da flor do craveiro-da-índia, desidratado; pode ser usado inteiro ou moído até virar pó. De sabor e aroma bastante fortes, deve ser usado com parcimônia.
**CREME DE LEITE**
*azedo* chamado em inglês de *sour cream*, é o creme de leite fresco que passou por fermentação por adição de bactéria de ácido láctico. Há versões industrializadas, mas é possível preparar em casa ao misturar 1 colher (sopa) de suco de limão a 1 xícara de creme de leite fresco. Deixe descansar em temperatura ambiente por 30 minutos, depois conserve em geladeira por até 3 dias.
*fresco* produto pasteurizado que deve ser mantido sob refrigeração. O teor de gordura é de cerca de 35%. Pode ser batido até o ponto de chantili ou levado ao fogo sem risco de talhar.
*leve (light)* teor de gordura entre 15% e 20%. Encontrado em caixinha ou lata.
**UHT** é o creme de leite de caixinha, mais usado em preparações salgadas e alguns tipos de pavês e tortas doces.
**CRÈME FRAÎCHE** creme fermentado naturalmente (teor de gordura de cerca de 35%), com textura aveludada, aroma levemente penetrante e sabor de nozes. Pode ser substituído por iogurte grego. Para preparar uma versão caseira, misture 1 xícara (250 ml) de creme de leite fresco, $1^1/_2$ colher (sopa) de iogurte fresco e 1 colher (sopa) de suco de limão e deixe em temperatura ambiente por 24 horas antes de utilizar.
**CREMOR DE TÁRTARO** é o ingrediente ácido do fermento químico, usado na confeitaria para evitar que o açúcar se cristalize. Deixa as preparações geladas mais cremosas e ajuda a aumentar o volume das claras em neve.
**FARINHA**
*de arroz* muito fina, quase um pó, sem glúten, feita a partir da moagem dos grãos de arroz. Usada em bolos, como espessante e também em certos tipos de macarrão asiático e em sobremesas.
*de trigo com adição de fermento* farinha comum misturada com fermento e sal; para uma versão caseira, misture 1 xícara de farinha e 2 colheres (chá) de fermento químico em pó.
*de trigo comum* branca, é a mais indicada para bolos: o teor de glúten garante uma boa massa com leveza.
*especial para bolos* com baixo teor de glúten, deixa a massa mais leve e fofinha. Para uma versão caseira, retire 2 colheres (sopa) de cada xícara de farinha de trigo comum e complete com amido de milho. Peneire bastante antes de usar.
*especial para pães* enriquecida com glúten, pois é produzida a partir de uma variedade de trigo com alto teor dessa proteína. Indicada para pizzas e pães; o aumento de volume causado pelo fermento biológico ou natural mais a elasticidade obtida com a sova requerem um tipo de farinha que aguente essas mudanças.
**FERMENTO** um agente de crescimento usado em massas, é vendido seco, em sachês com pequenos grânulos, ou fresco, comprimido em tabletes; na maioria das receitas, um tipo pode substituir o outro sem prejuízo.
**FERMENTO EM PÓ QUÍMICO** um agente de fermentação geralmente composto por duas partes de cremor de tártaro e uma parte de bicarbonato de sódio.
**FOLHAS DE LIMÃO KAFFIR** vendidas frescas, secas ou congeladas, têm a aparência de duas folhas verde-escuras brilhantes unidas pela base, resultando em um formato de ampulheta arredondada. As folhas secas são menos potentes, então dobre a quantidade pedida na receita se for usá-las no lugar das frescas. Se não encontrar a folha fresca, substitua pelo mesmo número de tiras da casca de limão fresco.
**FUBÁ** farinha de milho bem fina obtida a partir da moagem dos grãos secos, utilizada em bolos e polentas.
**GELATINA** espessante encontrado na versão seca (em pó) ou em folhas. Cerca de 3 colheres (chá) de gelatina em pó (8 g) equivalem a 4 folhas de gelatina. Para um resultado melhor, é mais seguro seguir a indicação de gramatura do que o número de folhas.
**GENGIBRE**
*em pó* gengibre moído, usado para aromatizar as receitas; não pode ser substituído pelo ingrediente natural.
*fresco* é a versão *in natura* da raiz da planta, bastante aromática.
*glaceado* gengibre fresco preservado em calda de açúcar. Em seu lugar, use gengibre cristalizado (coberto com açúcar cristal), mas antes enxágue com água morna e seque bem.
**GERGELIM** Disponível nas versões branca e preta, pode ser tostado em uma frigideira em fogo baixo para acentuar o sabor.
**GOLDEN SYRUP** subproduto da cana-de-açúcar, pode ser substituído por maple syrup ou mel. O melado é mais viscoso e tem aroma e sabor mais fortes do que o golden syrup.
**IOGURTE** o tipo utilizado nas receitas deste livro é o integral natural.
*grego* iogurte integral natural drenado em um tecido (em geral musselina) para retirar o soro e deixar a consistência mais cremosa.

**LEITE CONDENSADO** produto enlatado que consiste de leite do qual é retirada metade do teor de água, substituída por açúcar
*cobertura de caramelo* produto enlatado que consiste em leite condensado cozido até o ponto de doce de leite.
**LEITELHO** subproduto da manteiga, é o soro do leite coalhado. Sua versão caseira combina uma parte de iogurte natural desnatado para duas partes de leite desnatado.
**LICOR**
*de avelã* por exemplo, Frangelico.
*de café* por exemplo, Kahlua ou Tia Maria.
*de cereja* por exemplo, Kirsch.
*de chocolate* por exemplo, Crème de cacao.
*de laranja* por exemplo, Curaçao, Grand Marnier ou Cointreau.
*limoncello* licor de limão, de origem italiana, preparado originalmente com o suco e as folhas de limões-sicilianos cultivados na Costa Amalfitana.
**LOURO** folha do loureiro; aromático, acrescenta um sabor forte e levemente picante.
**MANTEIGA** utilize manteiga com sal, a menos que a receita especifique outra coisa.
*sem sal* é o mesmo ingrediente, só que sem adição de sal. Se a receita pede manteiga sem sal, é recomendável seguir a determinação à risca.
**MARMELO** fruta de casca amarela com polpa firme e sabor adstringente e levemente azedo. Consumida cozida ou em conserva. O cozimento lento e demorado faz com que a polpa adquira coloração rosada.
**MARSALA** vinho fortificado de origem italiana produzido nos arredores da cidade de Marsala, na Sicília. Possui intensa coloração âmbar e aroma complexo. Neste livro é usada a variação doce.
**MASSA FILO** folhas de massa crua finas como papel. Pincele cada folha com óleo ou manteiga derretida e coloque uma em cima da outra; corte e dobre como manda a receita.
**MEL** a variedade vendida em bisnagas não é recomendada para as receitas deste livro.
**MELAÇO** xarope grosso de coloração marrom-escura, é um subproduto do refino do açúcar; disponível nas versões clara e escura.
**MELADO** xarope grosso e escuro parecido com o melaço; subproduto do refino do açúcar.
**MIX DE ESPECIARIAS** clássica combinação de especiarias em pó que mistura alcaravia, pimenta-da-jamaica, sementes de coentro, cominho, noz-moscada e gengibre em pó, embora algumas versões ainda levem canela e outras especiarias; confira a receita. Utilizada em preparações com frutas ou em bolos.
**MOSCATEL**
*uvas-passas* uvas do tipo moscatel (cultivadas exclusivamente na região de Málaga, na Espanha). São parcialmente secas ao sol antes de serem desidratadas por completo. São mantidas na rama e prensadas antes de serem vendidas.
*vinho* bebida doce e frutada produzida a partir da uva de mesmo nome. Tem coloração de caramelo claro.
**MUSSELINA** espécie de tecido de algodão com trama fina, utilizado para coar líquidos. Pode ser substituído por um pano multiúso limpo.
**NOZ-MOSCADA** especiaria forte e pungente obtida a partir da noz seca de uma árvore nativa da Indonésia. É vendida em pó, mas o sabor mais intenso é obtido na noz inteira, então recomenda-se ralar na hora.
**ÓLEO**
*azeite de oliva* produzido a partir de azeitonas maduras. Extra virgem e virgem referem-se à primeira e à segunda prensagem, respectivamente, e portanto são considerados os melhores. A versão "light" refere-se a um sabor mais suave, e não a um menor teor de gordura.
*para untar* recomenda-se usar óleo de canola, que não contém colesterol.
*vegetal* qualquer óleo derivado de plantas, isento de gordura animal.
**PAPEL-MANTEIGA** papel translúcido e não absorvente utilizado na hora de forrar assadeiras e fôrmas para evitar que bolos e biscoitos grudem, facilitando a remoção.
**PIGNOLI** são as pequenas sementes ovaladas cor de creme do pinheiro. Recomenda-se tostá-las antes de usar para liberar seu aroma e sabor.
**PIMENTA-DA-JAMAICA** tem esse nome porque o sabor lembra uma combinação de noz-moscada, cominho, cravo e canela. Disponível em grãos ou em pó.
**PISTACHE** sementes de coloração verde e sabor delicado, encerradas dentro de uma dura casca cor de creme. Disponível com ou sem casca, cru ou salgado, em supermercados e lojas de produtos naturais.
**POCHÊ** termo culinário que designa o cozimento lento de um alimento imerso em líquido, com adição ou não de especiarias e ervas para incrementar o sabor.
**QUEIJO**
*cream cheese* queijo cremoso e macio feito com leite de vaca, com teor de gordura que varia de 14% a 33%.
*mascarpone* originário da Itália, este queijo passa por um processo de coalhadura e dessoragem semelhante ao do iogurte. A cor varia de branco ao amarelo pálido, e sua textura é aveludada. Macio, cremoso e fácil de espalhar, é utilizado em diversas sobremesas italianas.
*ricota* feito com leite de vaca, é um queijo branco macio, fresco e úmido com baixo teor de gordura e textura levemente granulada.
**ROMÃ** fruta do tamanho de uma laranja grande, cuja casca avermelhada guarda centenas de sementes envolvidas em uma polpa carmim brilhante com sabor agridoce marcante e único.
**RUIBARBO** vegetal com talos compridos e avermelhados que ficam comestíveis e adocicados após o cozimento.
**SEGMENTAR** técnica culinária que designa a maneira de cortar frutas cítricas de forma que os pedaços não contenham sementes, casca ou membrana branca. A fruta descascada é cortada de fora para dentro, na direção do centro, por dentro de cada membrana, formando cunhas. Ver também "*como separar os gomos de frutas cítricas*", página 276.
**SEMENTES DE PAPOULA** pequenos grânulos azuis acinzentados com textura crocante e sabor semelhante ao das nozes. Podem ser compradas pela internet, uma vez que a burocracia para importação faz com que seja difícil de serem encontradas

mesmo em lojas especializadas. Podem ser substituídas por chia ou gergelim preto, dependendo da receita.
**SEMOLINA** farinha de trigo de grano duro utilizada para preparar nhoques, massas e cuscuz marroquino.
**SUMAGRE** também chamado de sumac, é uma especiaria de coloração vermelho-arroxeada, produzida a partir de bagas de arbustos que ocorrem na região mediterrânea; dá um toque cítrico adstringente a molhos e também combina com carne grelhada. À venda em lojas de produtos árabes.
**UNTAR A FÔRMA** use manteiga ou margarina para preparações doces e óleo para as salgadas. Untar demais a fôrma pode deixar o prato com uma casquinha escura. Use papel-toalha ou um pincel culinário para espalhar o óleo ou a manteiga na fôrma.
**UVAS-PASSAS** bagos de uva sem semente desidratados, encontrados nas versões clara e escura.
**VINAGRE BRANCO** produzido a partir da destilação de álcool de cereais.
**XAROPE COM AROMA DE MAPLE (BORDO)** feito da cana-de-açúcar, também conhecido como calda para panquecas. Não substitui o xarope de bordo (maple syrup) puro.
**XAROPE DE BORDO (MAPLE SYRUP) PURO** obtido a partir da seiva destilada de árvores (os bordos) encontradas apenas no Canadá e nos Estados Unidos. Xarope com aroma de maple ou calda para panquecas não são substitutos adequados.
**XAROPE DE GLUCOSE** também conhecido como glucose líquida, é feita de amido de trigo e usada em geleias e na confeitaria em geral. Disponível em lojas de especializadas em artigos de confeitaria.
**XEREZ** chamado de sherry em inglês e de jerez em espanhol, é um vinho fortificado consumido como aperitivo ou utilizado para cozinhar. Há vários tipos, que diferem entre si quanto à cor e ao sabor: fino (leve e seco), amontillado (meio doce, escuro) e oloroso (encorpado, bem escuro).

## TABELA DE CONVERSÃO

**MEDIDAS** Utilize sempre medidores padrão para separar os ingredientes de cada receita. Saiba que 1 xícara equivale a 250 ml, 1 colher (sopa) equivale a 15 ml e 1 colher (chá) equivale a 5 ml. Separe o ingrediente e depois nivele com uma faca.

A maneira mais precisa de medir ingredientes secos é pesá-los; os líquidos podem ser colocados dentro de medidores de vidro ou plástico transparente, com marcações.

Em todas as receitas, considere que os ovos são grandes (peso médio de 60 g).

**TEMPERATURA DE FORNO** Todas as temperaturas informadas neste livro consideram um forno convencional; se o seu forno é de convecção, diminua a temperatura em 10 °C ou 20 °C.

| | °C (CELSIUS) |
|---|---|
| Muito baixo | 120 |
| Baixo | 150 |
| Médio-baixo | 160 |
| Médio | 180 |
| Médio-alto | 200 |
| Alto | 220 |
| Muito alto | 240 |

## E



## F

Publicado mediante acordo com Bauer Media Pty Limited.
Publicado originalmente na Austrália com o título *Indulgent cakes – Luscious cakes to delight your every whim* © Bauer Media Pty Limited 2014.



O texto deste livro foi fixado conforme o acordo ortográfico vigente no Brasil desde 1º de janeiro de 2009.

**PRODUÇÃO EDITORIAL:** EDITORA ALAÚDE
**Tradução e edição:** Bia Nunes de Sousa
**Revisão:** Mariana Zanini, Claudia Vilas Gomes
**Adaptação de capa:** Rodrigo Frazão
**Impressão e acabamento:** Ipsis Gráfica e Editora

**EDIÇÃO ORIGINAL:** BAUER MEDIA BOOKS
**Publisher** Sally Wright
**Diretora editorial e de culinária** Pamela Clark
**Diretor de vendas, marketing e direitos** Brian Cearnes
**Diretor de criação** Hieu Chi Nguyen
**Diretora de arte e designer** Hannah Blackmore
**Editora sênior** Stephanie Kistner
**Diretora de conceito culinário e editora de culinária** Sophia Young
**Gerente de marketing** Bridget Cody
**Gerente de operações** David Scotto
**Controller de produção** Corinne Whitsun-Jones
**Fotógrafo** William Meppem
**Food stylist** Sophia Young
**Produção culinária** Kirsten Jenkins
**Assistente de food stylist** Hannah Mars
**Desenvolvimento de receitas** Adam Cremona, Cynthia Black, Alexandra Elliott, Jane Howard, Kirsten Jenkins, Elizabeth Macri, Rebeca Meli, Jessica Sly

**Dados Internacionais de Catalogação na Publicação (CIP)**
**(Câmara Brasileira do Livro, SP, Brasil)**

---

Fabulosos; tradução de Bia Nunes de Sousa. – São Paulo: Alaúde Editorial, 2015.

Título original: Indulgent cakes : luscious cakes to delight your every whim.

ISBN 978-85-7881-289-8

1. Bolos (Culinária) 2. Receitas

15-06503 CDD-641.8653

---

**Índices para catálogo sistemático:**
1. Bolos: Receitas: Culinária: Economia doméstica 641.8653

1ª edição, 2015
Impresso no Brasil

2015
Alaúde Editorial Ltda.
Avenida Paulista, 1337, conjunto 11
São Paulo, SP, 01311-200
Tel.: (11) 5572-9474
www.alaude.com.br

Compartilhe a sua opinião sobre este livro usando a hashtag **#Fabulosos** nas nossas redes sociais:

/EditoraAlaude /EditoraAlaude /AlaudeEditora

**AGRADECIMENTOS** *A editora gostaria de agradecer os seguintes pelos objetos utilizados nas fotografias: Beautiful Spaces Inside and Out (www.beautiful-spaces.com.au); China Squirrel (www.chinasquirrel.com.au); Murobond (www.murobond.com.au); Smeg Australia (www.smeg.com.au).*